통신노동자 김철회가 40대에게 전하는 이야기

# 다시 만난 세계

## 68혁명으로 본 사회개혁을 위한 시대사유

저자 김철회

종로
정미소
ㄱㄴㄷㄹㅁㅂㅅㅇㅈㅊㅋㅌㅍㅎ

지승룡 (민들레영토 대표)

늘 미더운 마음으로 동행하는 인문학 벗님을 소개합니다. 김철회 동장님입니다. 같은 직장도 아니고 어떤 이해관계도 없는데 지난 4년간 한 번 만나면 3시간 이상 대화를 했고 그동안 백 번은 만난 것 같습니다.

초대된 어느 자리에서 처음 인사를 나누었는데 메타버스에 대한 이야기가 화두였고, 그가 태어난 강북구 삼양동을 위한 메타버스 리빙앱을 운영한다고 해서 호기심으로 귀 기울여 들었습니다.

삼양동! 3년을 목회자로 사역한 곳이기에 아는 동네가 어떻게 메타버스로 실현되는지 배우고 싶어 충무로에 초대했습니다. "삼양동의 고향이 충무로입니다. 고향으로 놀러오세요"

박원순 시장님이 참여연대 사무총장으로 계실 때 민들레영토를 방문하고 민토가 아름다운 가게이고 지 대표는 정말 나오기 힘든 사업가란 격려를 주셨지요. 이후 박 시장님과는 서로 아끼고 존경하는 친구로 지냈습니다. 김철회 동장님도 참여연대 운영위원이고 박 시장님을 존경하고 있어 더 좋았습니다.

"이 길을 공중보행로 말고 다른 이름으로 하면 어떨까요?"

"이순신 장군 생가가 있고 모양이 거북선을 닮았으니 거북선 길이 좋을 것 같아요"

"거북선 길"이 이렇게 작명되었습니다.

김 동장님은 나에게 '길 위의 인문학' 운동을 시작하자고 제안했다. 그러니 '길 위의 인문학'은 내가 작명한 것이 아닙니다. 이후 근무시간이 지난 저녁이나 월차를 내서 우리는 만났고, 서울 거리를 걷고 검색하며 토론했으며 한 달에 두 번 정도는 서로 지인을 초대해 인문학 제전을 열었습니다.

대화를 나누다 서로의 부모님 고향이 황해도 연백이라는 사실을 알고 언제고 함께 연백을 가는 꿈을 갖게 되었습니다.

그의 선량함과 강한 책임감과 완성도 높은 일처리도 좋았지만 진지하게 탐구해가는 모습이 특히 좋았습니다. 충무로정미소 편집 주간을 겸하고 있는 나는 그에게 책을 출간하자고 제안했습니다. 이후 그는 2년에 걸쳐 원고를 준비했습니다.

격변의 겨울을 보내며 통신 노동자가 보는 사유와 역사와 시대 해석으로 독자들에게 다가갈 것입니다.

유럽 주택가를 걸으면 그 아름다움에 감탄하게 됩니다. 담을 없애고 울타리로 경계표시를 했기 때문입니다. 이웃들이 자신 집 마당을 보기 때문에 깨끗하고 예쁘게 가꿉니다. 혼자 살수록 집에 종종 손님을 불러야 집안이 정돈되는 것처럼...

충무로 남산 꽃동네 꽃길 골목을 걸으며 어른에게 인사를 드렸습니다. "예쁜 골목을 만들어 주셔서 감사해요." 하고 우리가 인사하자 "나 78세야. 여기서 태어나서 살고 있어. 옆집 친구가 시작했고 내가 따라했고 또 친구가 이곳에 와서 따라했지."라는 인사가 돌아왔습니다. 78세 동갑친구 셋이 십년 전 시작한 화초 가꿈이 이 동네 최고의 미학이 되었습니다.

우리가 말하는 인문학은 와인을 마시며 나누는 지적 유희나 식자들의 사변이 아니라 이 세 친구의 따스한 동사입니다. 인문학을 탐구하고 읽으면 좋더군요. 선한 골목 동네는 개인으로 인해서 시작되는 것이고 악화가 양화를 구축한다는 자본주의 선언은 양화로 악화를 구축한다는 인문학으로 깨는 것입니다.

전에 박원순 시장께서 한 달간 삼양동 옥탑방에서 출퇴근을 하자 일부는 의미 없는 행동이라 비판했습니다. 과연 폭염 옥탑방에서 살아보는 경험이 무의미할까? 아닙니다.

지금의 삼양동은 많이 달라졌겠지만 연탄길이었던 골목, 치매에 걸리신 할아버지, 단추를 달던 할머니들과 공사현장에서 일하다 부상을 당하신 아저씨들, 파출부 일을 나가시는 아주머니, 알바를 하는 어린 자녀들, 소박한 눈빛과 부지런한, 아니, 부지런해야 생존할 수 있던 삶의 현장이 지금도 눈에 선합니다.

이 책은 삼양동과 충무로에서 다듬고 다듬었습니다.

공학을 전공하고 IT 연구를 하며 미래산업을 준비하는 정보산업 노동자가 시대현상에 참여하며 인문학이 담긴 세계 역사와 코리아 민족사조를 담은 이 책이 분명 유익을 줄 것입니다.

이제 페이지를 열고 그의 글을 만나겠습니다.

## 김철회 동장님 나오시겠습니다.

 네, 안녕하세요.

## 통신노동자 김철회입니다.

가수 이승윤을 좋아하는 고3 딸 김태경의 아빠입니다. 집회에 응원봉을 가지고 소녀시대의 '다시 만난 세계'에 맞춰 노래했습니다. 그 순간을 딸이 기억하고 이 책의 표지를 그려주었습니다.

지난 나의 40대는 직장생활이 전부였습니다. 그런데 이것만이 아닌 의미 있는 대안이 있어야 한다는 성찰이 있었고, 그래서 노조활동과 참여연대를 통한 사회적 관심, 길 위의 인문학을 통한 시대 실천이 있었습니다. 이제부터 그 경험 속 사유를 찬찬히 풀어볼까 합니다.

# 이야기 극장을 열며

최근 몇 년은 근현대 사회의 격변을 연구하면서 화석을 발굴하듯 역사적 보물을 찾는 시간이었다.

이 시대는 표면에 드러난 현상과 달리 또 다른 의미가 숨겨져 있다. 숨겨진 의미가 드러난 현상보다 더 크기에 나는 『다시 만난 세계』란 제목으로 성찰하며 이 책을 서술했다.

2017년 촛불혁명은 일어났지만 가라앉았고, 시작했지만 멈췄다. 오히려 역주행을 당해서 오늘에 이르렀다. 이렇게 다시 시작된 촛불혁명이 열매를 맺는 혁명이 되기를 바라며 1968년 유럽, 특히 파리 학생혁명을 성찰하여 대안을 찾아보았다.

2025년은 계엄에 의해 자칫 장기집권 독재사회가 될 뻔했던 한국사회가 민주공화정 체제를 공고히 자리를 잡는 '다시 만난 세계' 이자 리멤버 2017년이기도 하다.

역사에 가정은 없다지만, 2025년은 2017년에 이루지 못한 '만약'이 다시 찾아 온 선물이다. 1968년 파리의 68 혁명이 제기했던 과제들을 이곳에서도 실현할 때 본질에 근접한 변화를 만들 수 있다. 본질적 변화는 반드시 이루어내만 한다.

독일 철학자 칼 마르크스의 "역사는 반복된다. 한 번은 비극으로 한 번은 희극으로"라는 말은 비극을 제대로 성찰하고 반성하지 못하면 비극을 되풀이하는 광대가 됨을 의미한다.

서구사회는 대중이 반드시 기억해야 하는 교훈을 연극으로 만들어 공연했으며, 그중 대표적인 사례가 셰익스피어 4대 비극이다. 지금부터 시작하고자 하는 이야기 극장은 희곡은 아니지만 목차를 극의 형식으로 구성해 보았다.

68
혁명으로 본 사회갈등을 위한 시뮬레이션

# 이야기 극장

# 안녕하십니까, 세상살이

우리 시대에 나타나는 많은 문제들은 어디에서 비롯되었을까?
현재의 문제는 이미 과거부터 이어온 현상들의 연속선이라고 봐
야 한다. 따라서 우리의 경험 폭을 넓히기 위해 과거 기록과 경험을
통해 현상을 해석할 수 있다.

반면, 개인은 각자가 경험한 현실로 세상을 보기에 협소하다. 따라서
개인은 서로의 소통을 통해 경험을 확장해야 한다.

각자의 생각과 경험들이 과거의 경험을 만날 때 토론이 되고 공론
장을 형성할 수 있다. 평범한 노동자로서 나의 경험을 보태려고 한다.

# 시대 꼬투리

인류의 역사는 끊임없는 진화와 혁명을 통해 문명과 사회를 발전시켰다. 수많은 혁명가들의 노력으로 한걸음씩 전진했으며, 이제 역사는 또다시 거대한 변화의 물결 속에 서 있다.

지난 2017년 촛불혁명 이후에도 본질적 개혁 부재로 인해 발전은 없었다. 그 후 문재인 정부 하에서도 검찰개혁을 비롯한 근본적 개혁을 이루지 못했다. 결국 윤석열 계엄정권이 되었다.

시민들은 죽음을 무릅쓰고 몸으로 장갑차를 막았고, 2030세대 젊은이들은 야광봉을 들고 탄핵집회에 참여했다. 시민들과 국회의원들의 노력으로 계엄은 해제되었지만 우리는 제2의 5.18 광주의 참상이 서울 여의도에서 발생할 수 있었던 2024년 12월을 기억해야만 한다.

역사가 언제나 낭만적으로 전진하지는 않는 다는 것도 우리는 알게 되었다. 그렇다면 이 시대에 무엇을 추구해야 할까? 대통령 권력이 하나 바뀐다고 우리 사회가 제자리로 돌아올까? 그렇지 않다. 우리는 수구적 선택을 하는 관료와 정치인이 절대 변하지 않는다는 것을 알고 있다.

뿌리 깊은 수직적 계급 구조와 상명하복은 모든 형태의 조직에서 탐욕과 무능함으로 반복되고 있을 뿐이다.

이해관계만 쫓는 정치인이 1년만 지나면 대중은 잊어버릴 거라는 말은 저들 모두의 속내인지 모른다. 국민을 개돼지 취급하며 그들이 믿는 구석은 미디어와 왜곡된 세뇌교육으로 대중이 본질을 알지 못하게 되었기에 자신들을 선택할 거란 근거 없는 자신감 이라고 생각한다.

한국 사회의 본질적 변화에 대해 생각해 봐야 한다. 한국은 여전히 서열화 된 교육을 당연시하고 있다. 한국의 교육제도와 입시 제도는 계급 사회의 잔재이며, 정치와 기업 모두 혁신보다는 과거의 권력 구조를 답습하고 있다. 이는 식민지 시절부터 이어진 교육과 제도를 창조적으로 바꾸지 못한 결과다.

특히 정치, 사회, 교육 문제에 대한 맥락이 왜곡된 이데올로기는 시민들의 사고를 제한하고 있다. 정치 교육과 노동 교육이 학교에서 여전히 금기시되고, 대학에서는 인문학이 배제되는 등 경제 성장에도 불구하고 사회적 성숙에는 실패했다. 카르텔에 막혀 실력 있는 현장 전문가들이 제자리를 잡지 못하다 보니 기업은 혁신을 못하고 생산성이란 이름으로 인력 구조조정에만 집착하면서 점점 더 심각한 성장 한계를 보여준다.

동학혁명 130주년 이었던 2024년 계엄령이 발동된 일촉즉발의 상황에서 시민들은 몸으로 장갑차를 막아섰다. 동학혁명군들은 죽창을 들었지만 2030대 젊은이들은 콘서트 야광봉을 들고 집회에 나온 것이다.

책의 제목이 된 '다시 만난 세계'는 처음 기획할 때는 한국 현대 사회가 놓친 본질적 개혁의 대안인 파리 68 혁명을 이해할 목적으로 쓰고 있었다. 그러나 12월 3일 불법 비상계엄령을 맞이하자 시민들은 온몸으로 막아섰고, 탄핵이 국회에서 통과되면서 여의도 광장에는 소녀시대 '다시 만난 세계'가 울려 퍼졌다. 68 혁명, 그 이전의 수많은 혁명을 통해 인류는 진화해 왔다. 앞으로 우리는 또 다른 세계를 만날 것이다.

힘든 시기를 이겨내고 변화를 이끌어가는 시민들과 과거의 변화를 만들었던 이들과 만남을 주선하고자 한다. 그들도 많이 힘들었을 것이고 우리 길이 외롭지 않다는 것을 이 책을 통해 느꼈으면 하는 바램이다.

# 1. 나로부터 시작되는 세계

세계는 기후위기 및 전쟁위기가 극으로 치닫고 있고, 각국이 폭력성향의 지도자들이 자리 잡고 이스라엘은 팔레스타인 사람들에 대해 학살(제노사이드)을 자행했고, 우크라이나는 러시아와 소모적 전쟁을 하고 있다.

전쟁이 아니더라도 한국사회는 세월호 참사, 오송참사, 이태원 참사와 채수근 해병이 무리한 명령수행으로 목숨을 잃는 참사를 겪었다. 친일 보수성향 정권은 국민적 지지도가 낮아지면 분쟁을 유도하거나, 심지어 윤석열 정권은 치밀한 계획을 거친 계엄령을 발동함으로써 종신 통치를 획책하려고 했다. 이런 일들이 왜 유독 특정정권에서 나타나는지 살펴볼 필요가 있다.

사회적 아픔에 공감하지 못하는 사람들이 뻔뻔하게 활개치고 있고 한순간에 인류가 쌓아 놓은 문명을 후퇴시키려고 한다. 이런 권력들의 속성을 대중이 못 알아보는 이유는 무엇일까? 우리 주변에서 보자. 많은 사람들이 어떤 정치적 사안 등에 대해서는 옳다 그르다 이야기를 하면서도 월급 받는 직장에서 나타난 문제에 대해서는 침묵한다. 혹시나 문제제기하다 불이익 당할까 걱정하는 직장인이 많기 때문이다.

이처럼 조직이라는 구조 속에서 방치한 축적된 불합리함이 우리 사회를 무너트리고 있음을 깨닫게 된다. 과거 4.19 혁명, 87년 민주화 운동, 그리고 2017년 촛불혁명을 거쳤음에도, 정치는 발전하지 못하고 오히려 퇴보하며, 검찰이 권력의 중심에 등장하는 시대가 되었고, 여러 불합리함이 보이는데도 개혁하지 못한다.

우리가 바라는 시대는 소수의 기득권이 주도하는 것이 아닌 각자의 관점으로 공론장을 통해 의견이 모아지고 변화를 만들어내는 시대이다.

## 김철회 사용설명서

나는 여전히 통신기술자라는 정체성을 지닌 30년차 통신 노동자이다. 정확하게는 통신과 IT분야를 삶의 터전으로 하는 노동자이다. 역사학자도 아닌 주제에 역사를 논할 수 있냐고 하는데 그동안 왜곡된 우리 시대를 경험하면서 내가 직접 경험한 현실에 대해 담백하게 기술하는 것이 보다 본질이고 진실이라는 생각을 하게 되었다.

학자도 아니면서 무슨 사회 사상가 행세냐 하는 사람들에게는 그동안 지식인들이 얼마나 비굴했으면 통신 노동자가 이런 책을 쓰겠냐고 반문한다. 이런 비판의식과 대안이 이 책의 주제다.

서울 강북구 삼양동에서 성장하며 스스로 학비를 벌며 학업을 마쳤다. 일찍 뛰어든 노동은 많은 배움을 주었다. 운이 따랐는지 IMF 이전에 한국통신에 들어와서 소통관리과에 발령이 났다. 주로 선로시설에 대해 노후화를 분석하고 투자를 하기 위한 통계분석 자료를 만드는 업무였다.

사람의 혈관 같은 통신선로시설을 관리하는 일이야말로 어떤 면에서 소통에 대한 일이라는 생각이 들었다. 어떤 면에서 소통에 대한 의미를 생각한 첫 번째 업무이자, 삶의 방향성인지 모른다. 그 후 PC통신 하이텔(HiTEL)을 운영했다. 스마트폰 세대는 잘 모르겠지만 인터넷 이전에 전화선에 모뎀이 연결된 PC에서 통신을 하며 채팅하는 서비스가 있었다. 그 서비스 이름은 하이텔(HiTEL)로서 당시 많은 사람들이 전화비를 무릅쓰고 통신에 접속했다.

내가 일하던 곳은 전국의 PC 통신 접속이 모이는 곳으로 이곳 장비를 보면 사람들이 모뎀의 한 채널에 들어와서 깜빡거리며 대화하는 것을 볼 수 있었다. 모뎀의 깜박임은 사람들이 소통을 한다는 의미였고, 그렇게 모든 모뎀의 불이 계속 깜빡이는 것은 수많은 사람들이 온라인에 접속해서 서로 대화 하는 것을 의미한다. 80년대 90년대 사람들은 대체로 무뚝뚝한 모습이었다. 우울하고 계급적인 권위주의 사회였다. 그 시절 PC통신은 사람들 간 벽을 허물어내는 역할을 했다. 사람들은 격식이나 호칭이 사라진 닉네임을 통해 이야기했기 때문이다.

이후, 김대중 정부 초고속국가망이 투자되는 시기에 국가망 인터넷을 운용하는 부서에 발령받았다. 인터넷에 기업, 학교, 관공서가 연결되며 활성화되던 시절 나는 사회변화를 온몸으로 느꼈다. 굳어진 몸에 신경망이 살아나는 것 같았다. 나처럼 정보통신 분야에서 오랜 일한 사람들은 기술혁신에 따른 사회변화를 느끼며 그 변화를 주도해 왔던 것이다. 그들은 비록 컴퓨터 모니터 앞에 앉은 엔지니어였지만 정보화시대를 이루어낸 혁명가들이었다.

## 굿모닝, 미스터 오웰!

나는 2003년, 비즈메카라는 초기 플랫폼 사업이 태동하던 시기에 부서를 옮기며 새로운 도전을 시작했다. 처음 도전하는 일이다 보니 항상 생소했다. 당시 비즈메카는 구글보다 3년 앞서 플랫폼 사업을 시작했지만, 일찍 시작하는 것과 세계적으로 성공하는 것은 별개의 문제였다. 플랫폼 사업은 본질적으로 글로벌을 지향해야 한다고 생각했지만, 당시 회사에는 글로벌하게 진취적으로 이끌어가며 모험하는 사람들이 없었다.

2006년은 전국적으로 신도시가 개발되던 시기였다. 회사는 유비쿼터스 도시(u-City) 개념에 몰두했으며, 기존 도시를 대상으로 통합관제센터라는 아이템을 개발했다. 이는 회사 입장에서 대성공을 거두었고, 현재 우리나라 통합관제센터 표준모델이 되었다. 전국에 통합관제센터가 설치되면서 검거율이 높아져 범죄율이 많이 줄어들었고, 한국이 전 세계에 안전한 나라로 알려지는 계기가 되었다.

이후 이 통합관제 표준모델을 활용해 르완다 등 아프리카에도 제안하며 회사의 IT 사업에 기여했다. 통신 IT 분야에서 일하는 노동자로서 내가 참여하고 기획했던 기술들이 사회를 변화시킬 수 있다는 경험을 가지게 된 계기였다. 통합관제센터 사업을 추진하면서 인문학에 관심 없던 공대 출신인 나는 조지 오웰의 사상을 이해하고 그를 존경하게 되었다. 사실 처음에는 『1984』가 단순히 미래 사회의 감시 문제를 다룬 소설로 여겼다. 내가 추진해왔던 도시 통합관제센터 또한 영화 마이너리티 리포트처럼 CCTV를 통해 도시의 많은 부분을 감시하고 통제하는 중심센터라고 할 수 있다.

소설 『1984』를 통해 '빅 브라더(Big Brother)' 세상이 될 가능성을 우려하던 중, 조지 오웰의 사상과 소설을 깊이 읽으며 그의 경고가 감시 기능을 넘어선 전체주의 권력에 대한 것이었음을 깨달았다. 당시 조지오웰의 시대가 바로 그런 전체주의시대가 태동한 시대였다는 것을 알게 되었다. 조지오웰이 경계했던 절대 권력이 사법 권력과 언론권력이라는 생각도 하게 되었다.

따라서 시민에 의한 감시구조 확립이 매우 중요하다는 생각을 하게 되었다. 특히, 권력자만 정보를 독점하는 것이 아닌 대중의 권력 감시가 가능한 구조로 흘러야 한다는 것이 나의 신념이 되었다. 이것은 사회시스템의 진화와 영향이 깊다는 것을 확신하게 되었다.

특히, 해외 사업을 통해 아프리카 국가들을 다니면서 식민지와 제국주의, 그리고 참혹한 학살 흔적을 접했다. 르완다와 같은 식민지 경험 국가에서 발생한 대량 학살(제노사이드)은 한국의 제주 4.3 사건이나 보도연맹 사건과도 비슷한 비극의 패턴을 보여줬다.

뒤늦게 학살의 역사를 찾아보고 한국사의 아픈 과거를 알게 된 나는 제주와 르완다의 학살에 대한 시를 쓰고 목 놓아 울기도 했다. 무관심 탓에 내가 역사적 아픔을 기억하지 못하는 개인으로서 남을 수 있다는 반성이었다.

# 제주의 4월과 르완다의 4월

금빛나무  김철회

제주와 르완다의 4월은 잔인하다.
식민지 분단과 분열로 학살된 억울한 죽음

식민지 해방 후 또 다른 분단을 반대하던 제주 민중은 학살되고
식민지를 벗어나 분열된 르완다 민중은 학살되었다.

그렇게 4월 제주, 4월 르완다는
분열과 학살로 권력을 잡으려는 자들에 의해 붉은 피로 물들었다.
한라산과 백두산은 나뉘고
후투족과 투시족은 나뉘어, 땅과 사람들은 아프다.

시간이 아픔을 치유해주고 역사가 정의를 바로잡아준다면
나누고 갈라진 것은 다시 하나가 되어야 옳지 않은가?


한국 사회의 구성원들은 군사 독재 정권에서 힘들게 민주주의로
나아가는 과정에서 영광의 세월도 있었지만 검찰독재와 관료들의
무능을 눈으로 보며 분노하는 시대를 겪고 있다. 불안정한 세상이
지만 분명 변화는 일어나고 있다. 어쩌면 한국을 비롯한 인류 사회는
알에서 깨어나기 위해 몸부림치고 있으며, 껍질을 깨야 할 시점에
이르렀는지도 모른다. 한 노동자로서 우리 사회 현상을 읽어내고,
공론장에서 함께 더 나은 미래를 논의할 수 있기를 기대하며 이 글을
쓰고 있다.

## 소명, 사십이면 충분하다

통신 기술 분야에서 오랜 직장 생활을 해온 통신노동자로서 새로운 기술을 접할 때마다 항상 흥미를 느끼며 그 원리를 이해하려 했다. 하지만 사회를 돌아보니, 기술과 달리 세상은 쉽게 변하지 않는다는 것을 알게 되었다. 그럼에도 불구하고, 통신 IT 분야에서 내가 해온 일의 본질은 사람들의 소통을 돕고, 서로를 연결하는 일이었다. 그러나 기술 분야에는 당연한 흐름이 사회에서는 쉽지 않다는 것을 깨달았다. 기술자는 경험을 통해 문제를 인식하고, 이를 수정하여 더 나은 기술을 만들어 간다. 반면, 사회는 그 과정이 느리게 진행된다. 오히려, 사회적 제도나 구조가 시간이 지나면서 퇴보하거나 정체되는 경우가 많다.

개혁 부족의 원인은 두 가지로 설명할 수 있다. 첫째, 사람들은 과거의 경험을 성찰하지 못한다. 이는 역으로 역사적 반성과 기록의 중요성을 강조하게 된다. IT기술자가 장비의 로그 기록을 통해 문제의 원인을 찾듯, 역사를 성찰하여 현재 문제를 해결해야 한다. 둘째, 시스템 오류를 수정하는 과정과 비슷한 방식으로, 사회는 역시 문제 발생 시 제도와 시스템을 점검하고 수정해야 한다. 이때, 시스템의 설계 사상은 헌법에 해당하며, 구조(틀, 아키텍처)는 법과 제도 시스템으로 비유할 수 있다.

IT 기술자는 문제가 발생할 때마다 망설임 없이 구조를 뜯어고치고 설계상의 오류를 인정하고 수정하는 과정을 반복한다.

반면, 우리 사회의 제도와 시스템은 여전히 미흡하고 소수 권력, 견제 받지 않는 구조가 일제강점기부터 현재까지 이어지고 있다. 특히, 수직적 조직 구조는 일제강점기에서 비롯된 역사적 결과다. 우리는 역사적 청산을 통해 조직구조를 바꿔나가야 할 필요가 있다. 한국 사회의 노동탄압 문제 역시 경영 무능과 조직 구조, 계급 문제와 연결되어 있다.

현재 한국 사회는 과거의 산업시대 방식의 경제 성장구조에 갇혀 있고, 새로운 인공지능 등 산업 생태계는 제대로 싹도 트지 못하고 있다. 한편으로 미래 산업이 앞으로 더 큰 변화가 다가온다면 이를 극복하기 위해서는 인문학적 사고가 필요하다. 특히 소수 엘리트 중심의 인공지능 산업에서 우리의 생존을 소수 엘리트 권력들이 말하는 선의에 맡기는 권력독점이 발생할지 모른다는 두려움이 있다. 그래서 우리는 과거, 현재와 미래에 대한 통합적 통찰이 요구된다. 나는 이 책을 통해 청년, 시민, 활동가, 노동자, 기업 대표, 스타트 업 창업자 등 변화를 꿈꾸는 모든 이와 역사와 사회를 보는 문제의식을 공유하고자 한다. 왜냐하면 우리들이 세상을 바꿔왔고 앞으로도 바꿀 것이기 때문이다.

사십이면 충분하다. 이 시대의 중심 세대는 사십대. 내가 넘어온 사십대 일터 현장과 시대상황에 성숙한 고뇌와 대안을 찾으며 보냈다. 이 시대가 사십대의 생각과 대안을 받아들인다면 더 좋은 세상이 열릴 것으로 믿는다.

# 2. 시대 현상에 대한 성찰

## STEEP 다이어그램

세상이 돌고 도는 모습에 대해 독일 철학자 칼마르크스의 어록 "역사는 반복된다. 한 번은 비극으로 한 번은 희극으로"라는 이야기는 비극에 대한 제대로 된 반성을 하지 못하는 경우 또다시 비극은 되풀이된다는 것이다.

실제로 세상은 계속 반복되기도 하고 좀 더 발전되기도 하지만, 사회, 경제, 기술, 환경, 정치 등 요소들은 서로 영향을 주고받는 다고 할 수 있다. 그리고 시대별 문명의 변화 흐름을 보면 앞으로 미래에 대해서도 생각해 보게 된다. 미래를 연구하는 사람들은 거시적 관점에서 사회, 기술, 경제, 환경, 정치 변화 흐름을 설문 및 그룹 토론을 통해 알아보며 그때 사용하는 분석기법을 스티프

(STEEP) 분석이라고 한다. 사회(Social), 기술(Technology), 경제(Economy), 환경(Environment), 정치(Politics)라는 STEEP 분석 요소들의 관계를 보면 시대 흐름을 확인할 수 있다.

특히, 과거 역사적 사건으로 이미 알고 있는 시대에 대한 사회, 기술, 경제, 환경, 정치에 대한 변화를 관찰해보면  어떻게 각각의 요소들이 서로 영향을 미치는지 알게 된다.

과거 역사 흐름을 이해하는 방식이면 현시대 변화를 이해하고 미래사회 흐름도 어느 정도 예측 가능하다. 이 방식은 기업 및 국가 미래전략 등 기술흐름 분석 및 사업전략을 만들 때 많이 사용하는 기법으로 기업이나 조직이 장기적 정책결정을 위해서도 유용하다.

스티프(STEEP) 분석은 각각의 요소들에 대한 설문과 인터뷰를 통해 흐름을 찾아낸다. 예를 들어 인공지능에 의한 기술 발전이 기술영역에서 경제적인 영역에서 실업문제를 나타내기도 한다. 또한 이를 해결하기 위한 정치제도 측면에서 기본소득 같은 제도를 만들어 낼 수 있다. 연결된 흐름에 의해 변화된 경제, 정치적 변화는 사회적 변화를 만들게 된다. STEEP 분석은 또한 과거 흐름을 이해하는 데도 도움을 준다. 역사 시대를 기준으로 그 시대에 영향을 미친 사건들의 연관성을 분석해 보면 과거의 흐름을 알 수 있다.

산업혁명 당시를 예로 든다면, 증기기관 등 기술문명 발전(Technology)은 산업화를 통해 부를 축적한 계층을 만들었고, 이로 인해 환경(environment)이 악화되었다. 시장경제(Economy)가 활성

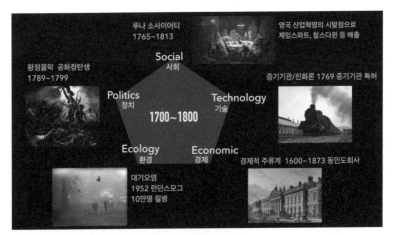

STEEP 분석 다이어그램

화된 이후 이들 계층은 프랑스혁명을 통해 정치 제도(Politics)를 변화
시킨다. 이를 통해 사회(Social)가 변화되었다.

최근에는 약 1~ 2년이면 새로운 기술이 나타나고, 시대를 다시
정의해야 할 정도로 기술문명이 빠르게 바뀐다는 것을 알 수 있다.

즉 여러 가지 기술, 환경, 사회 현상을 구분해 보는 과정 속에서
훈련을 통해 현상들 간의 연관성을 알게 된다. 사회적인 현상은
기술의 발전에 의해 나타나기도 한다. 또한 기술과 사회적 변화는
정치구조에 영향을 미치기도 한다.

예를 들어 스마트 폰, 인공지능 같은 급격한 기술변화와 미디어
기술변화는 실제로 정치적, 경제적 변화도 만들어 내고 있다. IT기
술변화를 주도한 실리콘 밸리의 문화 또한 68 혁명의 영향을 받았다.
즉, 하나의 흐름은 또 다른 흐름을 만들고 영향을 미친다.

이런 도구를 염두에 두고 근대화, 후기근대화 과정 등을 비교해 보면 우리 스스로가 시대에 대한 명확한 구분 기준을 세울 수 있다. 근대화는 현대 문명을 만든 시기로, 정치적·사회적·제도적 변화와 산업적 발전을 포함한다. 특히 서구 사회에서 프랑스 대혁명은 공화정과 같은 새로운 정치체제를 탄생시키며 근대화의 상징이 되었다. 근대화는 시민의 의식세계 변화와 기존 지배 권력에 대한 시민의 도전으로부터 이루어졌다. 이를 통해 시민이 주권을 행사하는 진정한 변화가 이루어진다.

유럽사회는 1700~1800년 산업화, 경제정치의 성장 등 격변을 통한 변화를 이루었다. 이처럼 변화가 여러 세대를 거치면서 완성된 체제를 근대화라고 한다. 반면 피지배당한 아프리카, 남미, 아시아는 다른 길을 걸어왔다. 특히, 기술을 중심으로 경제만 발전하고 정치·사회적 근본적 변화를 이루지 못한 경우가 훨씬 많다.

## 열등감에 빠졌던 유럽

현재를 정의하기 위해 인류문명 발전 단계를 생각해 볼 필요가 있다. 우리가 생각하고 있는 관념 및 의식들 기원은 따지고 보면 독자적으로 형성된 것이 아닌 여러 사회 또는 국가 간 충돌과 교류를 통해 변화를 받아들인 결과다.

현시대 우리들의 집단의식은 대체로 식민지를 겪고서 해방 후 근 현대 역사 속에서 형성된 것이 많다. 이것은 한반도 사람들만이 아닌 전 세계 공통 현상으로 현재 세계는 2차 세계대전 이후 주축이 된 서구국가가 주도한 질서에 의해 살고 있기 때문이다. 이런 서구사회도 과거에는 이슬람 또는 몽골에 의해 영향 받았었다.

서구사회의 근원적 문화는 기원전 5세기 고대 그리스 아테네의 직접 민주주의라고 할 수 있다. 이 시기 시민들이 정치적 의사결정에 직접 참여했던 기록이 있다. 예를 들어 고대 그리스 아테네에서는 공화정을 유지하기 위해 도자기 조각에 체제에 위협이 될 만한 사람이나 독재자가 될 위험이 있는 인물 이름을 쓰고 추방하는 도편추방제라는 제도가 있었다.

오늘날에는 탄핵제도라고 할 수 있다. 그런 발전된 의사결정 구조를 가지고 있었음에도 소크라테스는 아테네의 젊은이들을 타락시키고 이상한 신들을 소개한 죄로 유죄 판결을 받은 뒤 독약을 마셨다. 다수의 판단이 반드시 옳은 것은 아니었다. 이후 소크라테스의 제자인 플라톤은 철인정치(哲人政治)를 주창했다. 마치 동양의 군자를 중심으로 하는 왕도정치와 닮은 것 같다. 그들은 스승을 죽인 민주정치를 우민정치라고 했다.

그 이후 세계는 로마를 중심으로 하는 기독교가 확산되면서 종교의 힘이 절대적인 곳이 되었다. 이 시기를 암흑기라고도 하는데 문화가 후퇴하는 시기라고 한다. 이 시기 유럽사회의 흐름과 달리 이슬람과 아시아는 나름대로 뛰어난 기술문명이 싹트고 있었다. 당시 이슬람 문명은 8세기부터 13세기에 이르도록 종교 및 문화권에

오스만 제국의 궁전인 돌마바흐체 궁전에 전시된 오르반 대포

상관없이 다양한 지식이 모이고 발전하는 사회였다.

특히 그중에서도 고대 그리스, 로마 시대의 유산을 계승한 지적 결과물들이 서유럽 세계로 번역되어 르네상스에 영향을 주었다. 또한 1444년(세종 26년) 만든 조선 최초의 역법으로 칠정산 내편/외편은 태양력을 기준으로 계산한 역법으로 이슬람 천문학의 영향을 받았다. 세종시대는 조선의 르네상스 시대였고, 우리 사회가 급속한 기술문명을 이루게 만든 한글이 반포(1446년 세종 28년)되기도 했다.

비잔티움제국이라고 불리는 동로마제국의 수도였던 콘스탄티노플은 기독교 교단인 동방정교회의 중심지로서 종교와 무역도시라고 할 수 있다. 콘스탄티노플은 9세기에서 11세기 정치, 경제, 문화의 중심지로서 황금기였지만 이슬람에게 함락 당한다.

이슬람의 과학기술과 군사력을 갖춘 오스만튀르크는 기상천외한 기술 문명으로 콘스탄티노플을 함락했다. 1453년 5월 29일 동로마 제국의 수도인 콘스탄티노폴리스가 오스만 제국에게 함락당해 동로마 제국이 역사 속으로 사라졌다.

이 과정에서 오스만튀르크는 전투함선을 몰래 산으로 넘겨서 후방을 공격하는 전략을 택했고, 당시는 압도적인 무력을 가진 오르반 대포로 성을 무너뜨렸다. 과학기술을 도입해 전쟁에서 승리한 것이다.

이슬람 문화인 커피 및 과학기술 등이 유럽사회에 전파되었다. 이후 르네상스(14세기부터 17세기)를 맞이하며 중세 사람들은 무지와 미신으로부터 벗어난 이성적 사고를 하게 되었다.

이성적 사고는 기독교 권위에도 위협을 주며 종교개혁 흐름을 이루게 되면서 교회권력이 저물어 가게 되었다.

유럽사회는 콘스탄티노플이 점령당한 상황에서 새로운 돌파구로 서쪽바다를 무역항으로 개척되었다, 이슬람의 천문기술 등이 바다로 나가는 중요한 기술적 기반이 되었다. 이 시기 유럽에서 예술, 과학, 철학 등에서 대대적인 문화부흥이 이뤄졌다. 유럽사회는 이슬람 문물과 아시아의 문물을 결합해서 산업문명을 열었고 대항해시대(航海時代)를 열었으며, 결국 식민지시대를 열었다.

이후 수세기를 지나 산업화 경쟁은 두 차례의 세계대전을 불러왔고, 최종 산업화 경쟁에서 승리한 미국이 세계질서의 주도권을 갖게 되었다.

우리는 1943년 미국, 영국, 중국이 한국독립을 약속한 카이로 선언과 히로시마 원자폭탄 투하를 통해 일본제국주의 억압에서 해방을 맞이했다. 그러나 코리아는 전범국도 아닌데 분단비극을 맞이했다. 아직도 서구사회는 일본과 중국을 위주로 코리아를 인지하고 있다. 아시아에서 정치체제와 문화가 남다르고 우수한 조선의 역사와 해방 이후 코리아에 대해서는 잘 몰랐다.

저자는 동학농민혁명부터 광주 민주화운동, 촛불까지 연구한 책인 『한국의 민중봉기』라는 방대한 책(712쪽)을 읽게 되었다. 이 책은 '조지 카치아피카스(Georgy Katsiaficas)'라는 그리스계 미국인이 놀랍게도 수많은 사료를 갖고 정리한 책이었다. 조지 카치아피카스는 68 혁명을 경험한 사람으로 우리의 민중봉기에 대해 지대한 관심을 가지고 있었다.

한국사회에서 민중봉기의 체계적 연구가 쉽지 않았던 이유는 군사정권에 대한 두려움이었겠지만 스스로 역사를 보는 자부심이 부족했다. 이 책을 읽으니 68 혁명의 흐름과 같은 맥락의 아시아 혁명사를 연구한 것으로 보인다. 그는 한국 민주주의 운동을 아시아에서 특별한 것이라고 생각하고 정리했다. 이 책을 통해 나는 한국 역사는 우리 안에서만 소구되는 것이 아닌 세계 역사와 연동되어 영향을 주고받음을 알게 되었다.

## 지향해야 할 시대정신

시대정신(Zeitgeist)은 18~19세기 독일 철학자 고트프리트 헤르더 (1744.8.25.~1803.12.18.)가 민족정신 개념을 통해 제시한 용어로, 한 시대를 지배하는 정치, 사회, 지식 흐름을 의미한다. 헤르더는 인류역사의 진보적 발전에 대해서도 많은 시행착오와 우여 곡절을 통해 발전과 퇴보를 반복하는 과정으로 보았다.

우리 역사 또한 그렇지 아니한가? 억압에 저항하는 사람들의 모습에서 시대정신을 본다. 따라서 시대정신은 단순히 생존 본능으로 강자에게 숙이는 태도가 아니라, 많은 사람들이 본받으려는 마음이 모여 형성된 것이다. 이를테면, 독재에 저항하며 민주화와 통일을 희망한 시민들의 열망이 시대정신으로 작용한다.

역사학자 전우용은 시대정신을 개인의 특권과 권리가 아닌 부채감으로 인식하는 태도에서 시작된다고 정의했고, 그가 대학 시절 5.18 민주화운동과 전태일 열사, 그의 학교 선배였던 김태훈 열사의 희생을 접하며 사회적 책임감을 깨닫고, 이를 본받으려는 과정으로 시대정신을 체화했다.

같은 맥락에서 전태일의 죽음이후 전태일이 그토록 바라던 대학생 친구를 자청한 조영래 변호사의 활동은 지식인과 노동자가 협력해 시대정신을 실현한 사례로 볼 수 있다.

시대정신을 지향하는 시민들은 늘 지배 권력으로부터 탄압을 받았다. 노동자 출신으로 배경 없는 비주류 정치인 이재명은 행정성과에도 불구하고 기득권세력으로부터 반발을 받게 된다. 이는 그의 삶이 기존 권력구조에 도전했기 때문이다.

안중근 의사처럼 시대정신의 신념을 갖고 싸운 사람들은 당시 다수의 사람들에게 이해받지 못했지만, 그의 삶은 후대 우리들에게 시대정신의 선구자로 남았다. 역사학자 전우용은 시대정신을 '많은 사람이 응원하고 본받으려는 마음'이라고 정의했으며 그들은 대중 운동과 문화적 변혁을 통해 사회 변화를 만들어갔다고 했다. 결국, 시대정신은 역사적 흐름 속에서 문화와 사회 변화를 이끌며, 혁명과 같은 큰 에너지를 통해 나타난다.

## 가스라이팅의 함정, 우민화(愚民化)

정당성이 없는 지배 권력자는 권력을 강화하기 위해 민초들의 자의식을 고도의 심리전으로 왜곡시켜 기득권 권력을 유지 강화한다. 이는 전통적으로 제국주의 국가가 식민지국가를 지배하는 방식이었으며, 현대에는 젠더갈등, 지역감정, 이념 대립 등 다양한 형태로 나타난다. 따라서, 권력편의 레거시 언론과 수구정치인들은 사회제반 갈등을 해소하기보다는 오히려 갈등을 이용하여, 가스라이팅을 통해 대중을 쥐락펴락 한다. 특히, 사회적 경험이 많지 않은 청년세대와 경제적 빈곤층에게 불안과 공포 조작된 정보를 지속 제공함으로 정적들을 제거하고 비판을 막으며 자신들의 이익을 극대화 한다.

독일 히틀러의 유겐트, 이승만의 서북청년단, 중국 모택동의 홍위병 등 역사 속 사례들과 유사하다. 이들은 기획된 갈등 속에서 자신도 모르게 폭력의 도구로 이용당했다. 우리사회에서도 일베와 워마드 같은 커뮤니티가 대표적 사례다. 또한, 내란 혐의로 구속된 윤석열을 비호할 목적으로 국민의힘 김민전 의원은 백골단이란 폭력 경찰을 표방하는 젊은이들을 국회로 불러 기자회견을 했다. 백골단은 강경대, 김귀정 열사를 구타하여 사망하게 했다. 이런 위험한 백골단을 통한 사회 심리적 외상이 있음에도 불구하고 정치학자 출신 김민전 의원은 위와 같은 기자회견을 어리석게 했다.

그녀는 역사 속에서 한국의 민주화투쟁을 한 젊은이들에게 폭력을 행사한 백골단의 역사를 알고 있음에도 불구하고 자신의 정치적 목적을 위해 이들을 불렀다.

서울서부지방법원에서 내란수괴 윤석열에게 구속영장을 발부했다는 이유로 가스라이팅 된 개신교계열 청년들이 폭도로 변해서 법원 유리창과 벽을 무차별 부수고, CCTV장비를 파괴하며, 방화 시도까지 했으며 구속영장 영장발부판사를 찾아다니며 폭력행사까지 저질렀다.

이처럼 젊은이들이 이용당하는 근본 원인은 기회의 불균형에 의해 만들어진 분노이다. 그런데 기득권은 오히려 이들의 분노를 이용해서 기득권 이익을 지키는 도구로 활용하고 있다.

미국의 경제이익을 위해 고위로 반공이란 이데올로기를 확대하여 극우정치의 대명사인 매카시의원이 주도한 매카시즘 열풍은 세계 평화를 망가뜨리고 극우 이데올로기로 세계를 합리적 이성 이탈시켜 세계우민화를 만들었다.

그러나 남한사회 극우정권은 오랜 동안, 자주 이용해온 매카시즘이나 지역갈등이 퇴색하면서 선거에 불리해진 수구세력들은 뉴 (New) 갈등 주제를 찾아내야 했다.

고약한 정치기술자들은 20~30대가 진보성향의 투표를 하자 이들에게 갈라치기 전략을 사용해서 남자와 여자를 대립개념으로 만들어 상당수 남자를 수구지지층으로 편입시켰다. 결과적으로 20~30대 정치지형을 남녀로 반팅하면서 그들의 선거 전략은 성공했다. 한때는 외국인 혐오사례로 잠시 동안 이슬람 혐오가 극성이었고, 최근에는 중국인에 대한 혐오가 만들어지고 있다. 또한 종교 대립으로 동성애 반대 등 정치집회를 수구집회로 변질은 이러한 갈등 전략의 소재들이다.

결국 대중을 분열시키는 것은 기득권 통치 구조를 강화한다. 여기에 경쟁 교육과 서열화 교육 또한 갈등 기반 통치와 우민화의 토양이다. 따라서 시민들은 갈등과 분열의 역사를 이해할 필요가 있다. 갈등의 반대는 이성적 사고 기반 공동체 회복이다.

## 평가 권력에 포위된 미래

교육과 평가에 대하여 이제 솔직해져야 한다. 누군가를 가르친다고 하지만 누군가를 평가할 수 있다는 것은 환상이다. 수능시험으로든 혹은 기업에서 핵심성과지표 KPI(Key Performance Indicator) 등으로 본질을 무시한 인간에 대한 기계적 평가는 거짓에 가깝다.

평가중심 사회에서 평가대상자는 본질을 추구하기보다 평가에 최적화된 능력을 발휘하기 위해 본질을 외면한다. 그런데 왜 우리는 평가주의에 매몰되었을까?

그 이유는 특정 잣대로 줄 세우는 평가로 한정된 기회를 분배하며 권력을 유지하기 위함이다. 그러나 평가중심 순위 매김 교육은 남들보다 앞서기 위한 경쟁을 추구하기 때문에 상대적으로 문제해결을 위한 협력과 소통에는 취약하다.

봉준호 감독의 영화 '설국열차'에도 열차 칸마다의 권력 계급을 표현하고 있으며 학교열차객차에서는 아이들에 대해 주입식 쇠뇌 교육 장면이 나오는데 어쩌면 우리의 모습일 수 있다.

부모가 힘들게 번 돈으로 경쟁교육에 몰입해온 우리 아이들은 세계적 대학에서 만든 성과를 따라가지 못한다. 근본적 원인은 평가에 길들여져 정답만 외워야하는 우민화 교육에 원인이 있고, 우리 사회는 여전히 서구사회가 겪은 68 혁명으로 이루어낸 교육혁명이 더 경쟁력 있음을 받아들이지 못했기 때문이다.

## 서열구조의 불합리

우리는 식민지시절 부터 길들여진 계급사회구조에 이어 전쟁과 산업화, 그리고 전체주의체제를 한 세기 내에 집중적으로 겪다 보니 여전히 계급화 되고 서열화 된 사회에 살고 있다. 우리 주변을 확대해 본다면 권력을 누리는 자와 일하는 자가 나뉘어있는 서열구조 사회이다. 심지어 도시에도 서열이 있다. 어떤 도시에 살든 어떤 학력과 직위를 유지하든 한번 결정된 서열은 좀처럼 바뀌지 않는다. 따라서 아무리 노력해도 신분을 벗어나지 못하고 노력조차 의미 없는 경우도 많다.

따라서 실력 있고 경험 있는 사람들이 고위 공직자가 되거나 회사 대표가 되는 것이 아니라, 좋은 간판과 정치적 후광이 있는 사람들이 고위 공직자가 되거나 회사 대표가 된다.

학력 서열 문제, 특정지역 우대는, 대기업 및 공기업에서 전환된 기업 역시 다르지 않다. 회사마다 정도 차이는 있지만 가장 경험이 풍부한 실무중심 인재, 혹은 그동안 성과를 내는 역할을 해왔던 사람들이 대표나 임원이 되지 못하는 이상한 구조를 경험하고 있다. 서열을 기반 조직의 리더로서 현장경험이 없는 경우 본질적 문제를 모른 체 권한만 가지고 있기에 구성원 역시 책임을 면피를 위해 무사 안일한 근무를 한다.

실력 검증이 안 되고 낙하산으로 온 임원들은 잘못했거나 불미스런 일이 생겨도 회전문 인사를 통해 오히려 좋은 자리로 영전되기도 한다. 이런 것을 볼 때마다 회사의 대부분 구성원들은 충성도가 떨어지게 된다. 한국사회에는 보이지 않는 계급사회가 존재한다.

서열구조의 가장 심각한 문제는 혁신을 막는다는 점에 있다. 미국의 실리콘 밸리에서는 계급을 뛰어넘은 실력자를 채용하고 임원이 되기도 한다. 예를 들어 대학중퇴에 부모가 누구인지도 모르는 흑수저, 그리고 히피, 마약 하던 사람이 성공할 수 있었을까?

바로 "스티브잡스"이다. 또한 인도 출신 "썬다 피차이" 구글 대표와 마이크로소프트 "사티아 나델라" 사장이 가능했을지 생각해볼일이다. 아마도 평등한 사회로 전환을 추구했던 1968년 유럽혁명이 미국 젊은이들에게 영향을 주었기 때문이다.

전태일은 저학력이었지만, 그는 어린 동료노동자들의 아픔과 환경을 개선을 위해 노력한 것만으로 노동부장관으로 임명될 수 있는 한국사회인지 되돌아보자

적임자라면 누구든, 어떤 학벌과도 무관하게 그 일을 잘할 수 있는 사람에게 역할을 부여해야 한다.

교육의 문제는 서울 및 수도권 중심 도시 서열 문제와도 연관이 높다. 서울 및 수도권의 인구는 2천6백만 명으로 전체 인구의 반이 몰려서 산다. 모두 수도권을 중심으로 교육, 경제, 권력 구조가 중심이 되다 보니 지방은 소멸하고 지방 산업 생태계는 무너지는 현상이 나타난다.

최근 비교적 활발하게 대학 서열화와 지방소멸 문제가 연결

되어 함께 극복해야 한다는 논의가 많아졌다.

독일의 분권화된 국토민주화 사례처럼, 한국도 전국에 서울 대학교와 동일 수준의 대학을 10개 지역별로 만들거나 모든 국립대학교를 통합하여 서열화 없는 대등한 교육 시스템을 마련해야 한다는 논의가 진행 중이다.

교육 서열화를 극복하기 위한 정책으로 독일 등 유럽 대학들의 평등한 재정 지원, 특성화, 평준화된 입학제도, 그리고 사회적 인식 변화를 들 수 있다. 이러한 요소들은 학생들이 특정 대학의 이름값이 아니라 자신의 학문적 관심과 적성에 맞는 선택을 할 수 있도록 장려한다. 심지어 교수들이 학교에 협력하지만 학교에 종속되지 않고 독립적이다.

따라서 교수와 학교 간 상호 독립적이고 자율적이다 보니 대학 간 서열화보다는 학문적 성과를 통해 협력과 다양성을 중심으로 한 고등교육 체제를 구축한다. 이제 한국 사회는 수명을 다한 교육 서열 구조를 없애야한다.

# 패거리를 체포 구속하라

국사독재 시절인 1970~80년대 서울대학교 학생들은 사회 부조리에 대한 부채감과 정의감을 바탕으로 적극적인 운동을 전개하며 변화를 이끌었다. 그러나 경쟁 중심의 교육 시스템과 계급화 된 사회 구조 속에서 젊은 학생들은 저항세대 보다는 상위계급에 길들여져 있다.

최근 내란 사태(2024년 12월 3일 사태)에서 관료들의 연결고리는 주로 특정 대학교 기반 패거리 권력 구조로 드러났다. 특히 서울대학교 출신들이 관료 사회에서 압도적인 비율을 차지하지만, 그들은 자신들의 안위만을 중시하며 국민에 대한 책임을 방기한 엘리트 집단의 타락한 모습을 대표적으로 보여준다. 누구 한명 스스로 판단해서 잘못된 것을 거부하지도 막아내지도 못했고, 자신들 패거리의 이익만을 위해 변명해 왔다.

근본적으로 명문대 중심 엘리트 학벌주의가 만들어낸 현상이다. 이들 엘리트는 자신의 지위가 개인의 노력으로만 얻어진 것이라 믿는다. 따라서 공적 권력조차 사적으로 사용해도 되는 것처럼 여긴다.

무엇보다 검찰조직의 경우 '검사동일체(檢事同一體)'라는 검찰총장을 정점으로 상명하복관계 조직체로 활동한다는 말도 안 되는 논리로 검찰 조직의 치부를 덮거나 외부로부터 조직을 지켜낸다. 검사뿐 아니라 교수, 관료, 언론, 정치인 집단 등에서 마치 전근대

시대 귀족과 같은 패거리 문화를 보여 준다.

그러나 우리가 소위 엘리트라고 부르는 이들이 자신의 역할에 충실한 전문성을 가졌다면 집단 논리보다는 개인의 전문성과 양심을 기반으로 하는 독립적 선택이 우선시 되어야만 한다.

이번 12.3 불법계엄령을 겪으면서 국민 대다수는 독재로 회귀하는 것을 막아내고자 했다. 국민을 대표하는 기관인 국회에서 대통령 탄핵표결이 진행되는 상황에서 수만명의 시민들은 국회밖에서 탄핵표결을 요구했다. 아니 국회의원 스스로가 입법기관으로 역할을 가지고 있으니 최소한 투표에 임하라고 외쳤다.

대다수 국민의힘 의원들은 시민들의 외침을 외면하고 탄핵표결 투표를 보이코트 했다. 같은 당 김예지 의원은 자신의 판단으로 용기를 내서 투표에 나섰다. 그녀는 비록 시각장애인이지만 국민의힘 국회의원 자리를 지키는 것보다 국회 앞에 모여든 시민들의 간절함을 본 것이다.

우리는 상명하복으로 이뤄지는 패거리 중심 문화를 벗어나서 개인 각자 역할을 가지고 독자적인 판단이 존중되고 소통으로 집단지성이 이뤄지는 시대를 이루어야 한다.


## 수직문화의 배설물 문·서·상·신

한국사회에서 직장생활을 하면 너무나도 당연하게 생각하는 문서기안과 상신 결재에 대해 아무도 이상하다고 의문을 갖지 않는다.

그러나 해외사업을 하면서 문서 보고 체계가 없는 외국 기업들의 일하는 방식을 보고 놀라곤 한다.

반면, 일본사람들도 우리와 동일한 문서결재 방식을 가지고 일한다는 것을 알 수 있다. 문서결재 방식은 한국사회에서 공무원뿐 아니라 대기업에도 존재하지만 세계적으로 일반적 통용되는 방식이 아니다. 우리나라도 새로 창업한 IT기업 등에서는 수직적 의사 결정을 하는 방식인 문서결재 구조가 없다.

과거 비효율적 의사 결정 방식이 현재까지 남아 있는 근본 원인은 해방 후 적산기업을 그대로 이어온 기업과 공무원이 일제강점기 관습을 그대로 답습했기 때문이다.

특히, 공무원 및 대기업에 존재하는 의사 결정 구조는 세계에서 한국과 일본에만 존재하는 문서상신 구조를 가지고 있다. 세계는 소통에 유리한 조직 구조로 시대적 전환을 하고 있지만, 우리 사회는 일제강점기부터 이어온 뿌리 깊은 수직적 조직 문화와 문서 결재 문화에 발목 잡혀 있다.

상급자의 결재를 받기 위해 여러 단계를 거쳐야 하는 비효율적인 절차 탓에 중간관리자를 통해 정보가 왜곡되고 문서작업이 많아진다. 결과적으로 빠르고 유연한 의사 결정을 가로 막는다. 또한, 실무를 모르는 상급자를 설득하기 위해 쓸데없는 보고서 및 해설만 늘어난다. 특히, 기술을 이해 못하는 상급자를 위해 초등학생도 알기 쉽게 기술 문서를 작성하라는 조직은 경쟁력 없는 조직이라고 할 수 있다.

　문서상신 기반 수직적 의사 결정 구조가 가진 또 다른 문제점은 권력 독점을 초래하여 소수에게만 중요한 결정권이 주어지게 한다. 그로 인해 사내정치가 만연한 회사가 된다.

　유독 한국과 일본에만 존재하는 문서결재 문화의 기원은 메이지유신으로 그들 나름의 근대화를 만들고자 한 사무라이 집단이 만든 유교적 의사결정 구조라고 할 수 있다. 당시 에도막부는 사무라이들을 에도(현재 도쿄)로 불러들여 관리했고, 사무라이들은 유학을 공부했다. 왕을 중심으로 한 유교식 수직 구조를 만들고자 했을 뿐 서구적 근대화 사상을 받아들인 것이 아니다.

　이들이 내세운 존왕양이(일본어: 尊王攘夷)는 왕을 높이고 오랑캐를 배척한다는 의미를 갖고 있다. 따라서 메이지 유신은 본질적으로 사무라이들이 시작한 유교식 사회전환이었다. 그럼에도 일본은 새로운 시대를 맞이한 에너지가 있었기에 근대적 공화정혁명이라기보다는 왕권기반 전근대적 산업화를 이뤘다.

　수직적 문화는 전체주의 구조를 이루고 산업사회에도 적용이 가능했다. 산업사회는 강제적 노동력이 필요했기에 노동력을 강제화 해서 일본은 빠르게 산업화할 수 있던 배경이다.

　일본이 유네스코 문화유산으로 만들고자 했던 사도광산에서는 1,500여 명이 강제노역을 했고, 군함도는 약 2,000명이 강제노역을 하고 목숨을 잃기도 한 곳이다. 이것이 미쯔비시와 같은 전범 기업이 성장한 배경이다.

박정희 군사독재 시절은 과거 일본을 그대로 모방하던 시절이었다. 수직적 구조는 실력 있는 사람을 원하지 않고 말 잘 듣는 사람을 원한다. '까라면 까라'와 같은 일본 육사와 일본군대은 닮아있다. 수직적 명령구조에는 대중을 길들이기 위해 소통을 막았고 공공기관 에는 일제강점기부터 이어온 수직적 구조를 고수하며 지속적으로 노동력을 착취했다.

그러나 오늘날 인공지능과 같은 창의성이 필요한 기술혁명시대는 협력과 소통이 경쟁력이다. 실제로 서구사회 첨단 스타트업(Startup) 기업문화는 매우 수평적 구조로서 높은 성과를 내고 있다. 기업에서도 수직적 의사결정구조보다 집단지성의 공론을 통한 의사결정이 더욱 효율적임을 인식할 필요가 있다.

## 독점 스피커가 만들어낸 가짜 권위

한국 사회의 권력 계층인 교수, 언론인, 법조인, 정치인 등은 전문가로 대우받는다. 이들의 권위는 주로 졸업한 학교와 언론의 평가에 의해 결정되는 경우가 많다.

한국교육은 급속한 산업화 정보화 과정에서 혁신되지 못한 채 보수 정권과 언론의 영향 아래 계급화 도구로 활용되었다.

본질을 질문하거나 문제해결하려는 창의성보다는 정답만 찾는 교육이 만든 자기 생각 없는 전문가들만 양성되고, 언론은 이들 전문가를 부각시켜 권위를 강화하고 서열화를 조장한다.

특히, 일제강점기에 시작된 조선과 동아 등 레거시 언론들은 대형 미디어 사업으로 성장하며 대중에게 정치적 혐오나 무관심을 유발하였다. 기득권층은 비판적인 언론을 억누르려는 시도를 지속하며, 언론은 권위주의 정부를 비판하기보다 찬양하는 경향을 보인다.

또한 한국 사회 주류 언론인들은 스스로 취재하는 경우가 드물고, 출입처가 제공하는 자료를 그대로 받아쓰는 관행에 의존한다. 그들은 대중을 선전과 선동의 대상으로 삼고 의도에 맞는 전문가들을 내세워 자본과 권력을 위한 '가짜 지식인'을 키워낸다.

그러나 정보통신 기술 기반 소셜 미디어의 발전으로 누구나 정보의 소비자인 한편 생산주체가 됨에 따라 기존 전문가 중심 시스템에도 균열이 생기고 있다.

# 3. 지배당하는 습관

내가 보고 말하는 관점은 어디에서 비롯되었나?

오스트리아 철학자 비트겐슈타인은 '나의 언어의 한계가 세계의 한계를 의미한다'고 말한다. 해방 이후 일제의 역사왜곡과 축소로 인해 우리 사회에는 세계관의 인위적인 축소가 있어 왔다.

예를 들어 내 학창 시절에는 우리 관점이 아닌 일본 입장에서 만든 역사책으로 배웠다. 동학의 난(亂:어지럽힐 난)이라는 표현으로 우리의 민중혁명을 진압하는 일본군 입장에서 정의된 역사로 배웠다. 그러나 동학은 분명 혁명이었고 우리의 근대화를 여는 시작이었다. 정보통신의 발전으로 우리는 학교 밖에서 역사를 다시 보게되었고 역사를 보는 관점이 조금씩 달라지고 깨어나고 있다.

동학혁명을 경험한 민중은 조선말기 일제 강제 병합 이후 3.1

혁명을 통해 공화주의 국가로서 새롭게 탄생했다.

　여전히 우리 중 상당수는 3.1 운동이라고 표현하지만, 그날의 움직임은 유럽에서 시민들의 의식이 바뀐 프랑스 대혁명과 같은 역사발전 단계상 혁명이었다. 이를 주도하고 만들어간 몽양 여운형과 상해 임시정부 토대를 만든 도산 안창호, 상해 임시정부를 통해 독립전쟁을 수행한 백범 김구 등은 모두 혁명가들이다.

　임시정부시절 무장투쟁은 독립운동이라고는 표현하지만 체계화된 조직과 무력을 가지고 싸운 독립전쟁이었다. 또한, 당시 독립운동가들이 꿈꾸던 해방조국은 결코 조선왕조 복원이 아닌 근대 시민중심 공화정국가를 꿈꾸었기에 그들은 혁명가였다.

　혁명이란 인류 진화 과정으로 세계역사를 통해 본다면 우리뿐 아니라 세계 여러 나라에서 발생하는 혁명은 서로 문명적 영향을 주고 있다. 조선말의 동학혁명 정신이 설계도였다면 3.1 혁명은 새로운 근대 국가 탄생을 알리는 혁명으로, 중국 5.4운동 및 인도 간디의 비폭력 운동, 이집트, 터키 민족 운동에 영향을 미쳤다. 그리고 68 혁명은 서구사회도 근대화의 야만성을 넘어 인본 중심 사회로 전환했다는 점에서 같은 방향성이다.

　그러나 인류는 패권주의의 그늘과 68 혁명과 같은 인류 진화의 방향성 사이에서 여전히 갈등하고 있으며, 우리사회 또한 전근대, 산업시대와 전체주의, 근대 이후 다른 세계관을 가진 사람들이 혼재되어 있다.

## 명동에서 태어나다

나는 1970년에 서울 명동성모병원에서 태어났고, 같은 해 노동자 전태일은 노동법전과 스스로를 불살랐고 같은 병원에서 생을 마감했다. 광주 5.18 시대 아픔을 글로 남긴 1970년 생 한강 작가는 노벨문학상 수상소식이 결정되고 얼마 후 2024년 12월 3일 대한민국에서 계엄령이 비상계엄 사태가 발생했다. 그러나 시민들이 몸으로 막아서고 군인들이 주저하는 기적 같은 일들이 벌어지면서 계엄령은 무력화되었다.

한강 작가의 질문처럼 "과거가 현재를 도울 수 있는가? 죽은 자가 산 자를 구할 수 있는가?"라는 주제가 현실이 되었다.

동갑내기 한강 작가의 노벨상 수상도 의미 있지만, 적자나는 작은 책방 운영으로 사회에 기여하려는 모습을 보며 동세대로서 지식 공동체를 복원하려는 의지에 감동 받았다.

2차 베이비붐 세대로 대표되는 1970년대 세대는 삶의 주기 내내 경쟁을 하면서 살아왔다. 대학입시 경쟁과 학교 졸업과 동시에 IMF를 겪으면서 더욱 어려워진 취업 경쟁까지 항상 경쟁하는 세상에 익숙해왔다.

그런 삶을 살다 보니 자식 세대에도 경쟁 이데올로기를 남긴 것은 1970년 베이비붐 세대 입장에서 안타깝고 세대를 대표해서 반성하고자 한다. 그럼에도 1970년 세대는 한국사회의 기둥을 만들어간 세대라고 말하고 싶다. 예능계에서 강호동, 박명수, 김구라, 지상렬 같은 예능프로 진행자들이 모두 1970년 생으로 활동이 두드러진다. 또한, 영화계에는 김혜수, 유해진, 황정민, 이병헌, 차승원 등이 있다. 그밖에 순정마초라는 음악으로 유명해진 정재형이 있다. 전체적으로 자유로운 삶과 따뜻함이 묻어나는 세대이며, 1970년은 과거 세대의 정서를 간직하면서 새로움과 변화를 받아들이거나 새로운 문화를 창조해온 세대다. 그래서 과거 세대와 다른 엑스(X)세대라는 이야기를 듣고 자라왔다. X세대는 이후 2000년 이후 MZ세대를 자식 세대로 두면서 전통적 세대와의 다리 역할을 하는 중간지대라고 할 수 있다. 그만큼, 70년생들은 역사상 급변하는 시대를 모두 경험하고 살면서 삶의 방식과 관념의 변화를 일상처럼 받아들였다.

나의 경우 어릴 적에는 박정희 독재자의 전체주의 사회를 경험했고, 그 속에서 나 역시 박정희 대통령을 위대한 영도자처럼 느낀 적도 있었고 그의 죽음을 애도했었다.

그래서인지 당시 아이들의 꿈으로 유독 대통령이 많았던 기억이 난다. 나의 경우, 중고등학교 시절 세상이 불합리함에 의문도 가졌지만, 대체로 언론에서 주장하는 이야기를 진실로 믿으며 극우적 삶을 당연하게 생각하고 살아왔었다.

대학생들의 시위가 불편하기도 했었다. 고등학교 시절 도서관을 다니면서 경찰의 가방 검사 불심검문을 피할 방법은 없었다. 항상 떳떳하게 생각하면서 나는 불온서적 가지고 다니지 말아야지 다짐하곤 했다.

대학교 시절, 광주 5.18 시민항쟁을 비디오로 본 친구들 이야기를 들었지만 눈으로 보지 못했던 나는 공감이 가지 않았고 믿을 수 없었다. 그런데, 회사를 다니면서 세상을 알게 되면서 우리가 그동안 학교에서 배워온 지식과 기존 관념들이 왜곡이었다는 사실을 알게 되었다.

우리는 수없는 반동의 역류를 경험하며 한국사회 정치체제 변화를 몸으로 겪고 민주화를 위해 항쟁하면서 변화하는 역사를 경험했다.

경제적 성장과 여행 자유화로 많은 나라를 돌아다니면서 세계의 역사와 우리 역사를 함께 볼 수 있는 관점도 가지게 되었으며 학교에서 배운 역사의 오류를 발견하기도 했다.

대학에서 배우는 조직 이론이 아닌 자신의 일터에서 과거부터 현재까지 이어온 조직구조와 여러 모순에 대해 경험을 통해 현실을 알 수 있게 되었다. 이처럼 수많은 변화를 경험한 나를 포함한 1970년생의 경험과 태도는 전체주의 사회로부터 주입되어온 생각을 고수하는 것이 아닌, 새롭게 경험한 현실을 통해 생각을 교정해 나가는 특징을 가진다. 변화를 일상으로 받아들이며 살아온 세대가 가진 특징이 아닐까 생각해 본다.

## 왜곡된 프레임에 빠지다

역사성에 대한 인식이 중요하다. 역사를 통해 시대정신과 인문학이 정립되고 그러한 배경을 통해 사회 구조가 만들어지고 실질적인 삶이 결정되기 때문이다. 그중에서도 근현대사는 우리들의 오늘을 결정하는 직접적인 구조를 만든다. 오늘날 우리 교육에서 근 현대 역사 비중이 적다는 사실은 현재의 기득권 구조의 뿌리를 숨기기 위한 의도라고 봐야 한다.

교육의 폐해로 역사 인식이 부족해진 우리들은 왜곡된 프레임에 쉽게 속아 넘어간다. 가짜 지식인들이 만든 엉터리 프레임에 속아서 근본적 문제를 모르는 경우도 많고 역사성에 대해 왜곡된 정보와 본질은 빠진 필터링 된 정보를 받아들였다.

그래서 보수정권 주요 요직에는 식민지 근대화론을 주장하는 뉴 라이트 계열 인사들이 나타난다. 이들에게 일본 극우세력들이 자금을 지원한다는 것은 이제 상식이다.

조금만 생각해 봐도 이들의 주장이 얼마나 허무맹랑한 것인지 알 수 있다.

근대화란 1789년 프랑스혁명 이후 시작된 서구적 근대는 왕권 사회를 무너뜨린 시민 권력이 집단 권력 체계를 만들고 왕과 귀족의 권위를 벗어나 시민과 기업인에게 기회를 준 시대이다.

아시아 국가에서 비롯된 혁명으로 서구적 근대화 정신에 가장 가까운 것은 동학혁명이다. 신분제를 넘어서서 인간이 모두 평등하다는 사상이 핵심이다. 1968년 이후 후기근대화(포스트모던)의 정신까지 포함하는 동학혁명 정신은 과거 조선왕조의 민본주의를 넘어서 서구적 가치까지 포함한 민주주의 선언이다.

반면, 일본이 근대화 근거로 내세우는 메이지 유신은 본질적으로 사무라이 집단이 일왕 중심의 중앙집권국가시대를 만들고자 유교적 산업화를 진행한 사건이다. 어찌 보면 우리의 신라 고려부터 시작된 중앙집권적 체제 정도라고 할 수 있다.

그 이전의 일본은 중앙집중식 왕권국가의 형태라기보다 원시적 신권국가 형태라고 봐야 한다. 그러한 증거는 일본의 많은 무속문화를 확인할 수 있다. 따라서 일본의 입장에서 메이지유신은 큰 혁명이겠지만, 본질은 왕과 귀족 계급구조가 살아있는 전근대 국가 기반으로 산업화를 이루었다고 보는 것이 정확할 것이다.


따라서 일본제국주의에 의한 식민지 근대화라는 정의 자체가 성립되지 않는다. 실제로 일본은 오늘날에도 여전히 전근대적 사회 특징을 가지고 있다. 그 증거로서 일본 정치인들 자식에게 지역구를 세습하는 문화를 보면 알 수 있다. 대중 역시 여전히 정치는 자신들이 나서거나 관심 가질 영역이 아니라고 생각하고 있다.

그러나 조선은 1894년 동학혁명과 1919년 3.1 혁명으로 민중 스스로 주체가 된 근대화 혁명 정신이 자리 잡았다고 할 수 있다. 이를 통해 우리가 공화정 기반 임시정부를 만들었던 반면, 이완용을 비롯한 식민지 기득권자들은 조선에 이어 일왕을 섬기는 전근대구조를 유지해 왔다고 보는 것이 타당하다.

이것이 친일파들이 권력 중심에 있을 때면 언제나 봉건주의, 권위주의 시대로 회귀하는 이유다.

이승만 정권 시절 반민특위가 강제 해체됨에 따라 우리 역사는 정의가 실현되지 못한 오점을 남겼다. 여러 차례 독재에 항거하면서 청산하지 못한 역사를 바로잡으려 했지만 이뤄지지 못했다.

역사 청산이 안 된 이유로 우리사회 수구세력은 친일이라는 특징을 가지게 되었다. 그래서 그들이 집권하면 자국의 이익이 아닌

반민 특위본부 터 (현재 서울 중구 남대문로 84 스탠포드호텔 명동)

노골적으로 일본 및 미국을 위한 외교를 한다.

역사 진실을 부정하는 식민지 기득권의 집요한 역사왜곡 움직임은 현재까지 이어지고 있다. 매번 건국절 논란으로 과거 친일 반민족역사를 세탁하고, 과거 독립전쟁의 역사를 왜곡하려는 그들의 목적은 역사 단절을 통해 친일 권력 정당성을 유지하고자 함이라고 할 수 있다. 그리고 5.18을 북한군이 침투한 공작이라고 왜곡 폄훼하는 등 끊임없이 역사를 왜곡한다. 역사왜곡 세력에 맞서는 길은 기억하는 것이다.

"역사를 잊은 민족에게 미래는 없다"는 단재 신채호 선생의 통찰은 오늘날에도 유효하다.

# 모던타임즈

중세 ~ 산업근육사회

서구사회가 근대를 탄생시킨 배경은 종교중심 암흑시대에 대한 비판의식이었다. 그에 따라 종교개혁을 이루었고 더 나아가 인간이 종교적 불확실성에 기대지 않고 인간의 이성 중심의 인식론 철학을 구조적으로 진화시켜 근대화를 이룩했다. 인류의 인식변화와 산업혁명은 자본가 시민 계층이 왕과 귀족 사회 계급구조를 무너트린 혁명을 했으며, 수많은 영웅, 철학자, 혁명가가 나타났다. 식민지 조선에도 근대화를 여는 혁명가들이 있었다. 우리가 독립운동가라 부르는 바로 그들이 근대를 열었다.

# 1. 커피 한 잔으로 세계가 달라진다

어느 순간 나는 사람들과 술자리에 참석하면 술맛 떨어지는 소리를 자주 한다. 시민단체에서 만난 80년대 운동권 선배들이 술을 먹고 감정을 소비하고 서로에게 상처 주며 힘들어 하는 모습도 종종 본다. 이상과 괴리되는 현실에 대한 부정을 술기운이라도 빌려 위안 받고 싶어서일 것이다.

이런 모습은 시민 운동하는 분들만이 아니라 스타트업을 하려는 분들, 새로운 사업을 만들려는 사람들도 마찬가지다. 한국사회 구성원 전반이 겪는 힘든 현실 때문일 것이다.

그러나 멈춰서는 안 된다. 퇴폐적 패배주의를 용납해서는 안 된다. 깨어있는 이성으로 문제를 풀어내고 대안을 만들어야 한다.

"술 마시기가 계속되면 이야기를 체계적으로 하지 못하고 결과적으로 대안 마련에 게으르게 됩니다. 개혁과 혁명을 하려면 커피를 마시고 더 깨어있어야 하지 않을까요?"

커피는 혁명의 음료라는 별칭이 있다. 콘스탄티노플이 오스만투르크에게 함락당한 유럽사회는 이슬람에 대한 반감이 극대화 되었다. 따라서 이슬람에서 전달된 커피를 유럽사회는 이슬람에서 온 악마의 눈물이라고 해서 외면되었다. 그러던 중 16세기 교황 클레멘스 8세가 커피가 금지음료가 아닌 모두가 마실 수 있다는 의미로 커피에 세례와 같은 축성을 함으로써 본격적으로 유럽사회에 확산되기 시작했다. 르네상스시대에는 개인의식 변화가 나타나, 신이 아닌 인간 중심적 사고와 개인의 창의성, 자율성 강조. 예술과 학문에서 개인의 업적이 중요시되기 시작되었다. 이후 커피를 파는 카페에 모인 프랑스인들은 많은 토론으로 각성했고, 프랑스혁명을 이루는 계기가 되었다.

사실 커피는 어쩌면 문명을 전달하는 음료인지 모른다.

사무실이 많은 광화문, 강남 길거리를 다니다 보면 모든 직장인들이 점심시간 마치 뉴요커들처럼 커피를 들고 다니는 모습을 본다. 우리는 노동음료라고 한다. 즉 피곤함을 잊고 일을 하게하고, 이성적인 생각과 대화를 나누게 한다.

한국사회 역시 2000년대 초반까지 술을 많이 마시는 문화였지만 최근에는 술을 과거처럼 권하지 않고 커피를 마시는 문화로 변화되었다. 커피를 중심으로 만들어지는 소통문화는 이성적 사회를 만든다.

### 종교에는 구원이란 말이, 이성에는 구원의 방정식이

근대정신은 서구사회가 근대화 과정에서 신을 중심으로 하는 판단에서 이성을 중심으로 하는 판단으로 넘어가면서 시작 되었다는 점도 잊어서는 안 된다.

근대는 인간의 이성적 사고방식이 비이성적 사고방식을 단절한 시대라고 할 수 있다. 비이성적인 세계관은 초기 국가 시대부터 있었다. 고대 유럽사회에도 샤머니즘의 특징이 있었다. 과거 그리스 로마시대에는 델파이 신전에서 무녀들을 삼각의자에 앉혀놓고 갈라진 틈에서 나온 연기를 마신 무녀들의 이야기를 모아서 왕이 중요한 판단을 했다고 한다.

동로마의 수도 콘스탄티노플이었던 이스탄불을 가본 적 있다. 이곳은 수도이자 기독교 문명의 중심이었다.

하기아 소피아 모스크(Hagia Sophia Mosque)는 과거 동로마시대 하기아 소피아(Hagia Sophia) 성당으로 유명하다. 그곳에 있는 이집트 오벨리스크와 델파이신전에서 가져온 뱀 기둥을 보면서 서구사회가 과거 권력의 중심적 상징물을 가져와서 권력의 전통을 이어가려 했구나 하는 생각을 하게 되었다.

이스탄불에 있는 델파이신전의 뱀기둥으로
뒷편에는 오벨리스크가 보인다.

왼쪽은 성소피아 성당을 기부한 유스티니아누스
황제이고 오른쪽은 콘스탄티노플 도시를 봉헌한
콘스탄티누스 대제

하기아 소피아 모스크 출구에는 콘스탄티노플의 역사를 보여주는 벽화가 있다.

벽화 중앙에 위치한 하느님 상징이 오른쪽에 콘스탄티노플 도시를 봉헌한 콘스탄티누스 대제가 있다면 왼쪽에는 이곳 성소피아 성당을 기부한 유스티니아누스 황제가 있다.

이스탄불은 신에게 봉헌한 도시이고 동서양 무역의 중심이었다는 점에서 자본과 종교권력이 하나였음을 보여준다.

특히, 유럽의 중세는 교황이 왕들의 권력을 넘어서는 절대적 권력을 가지고 있었고 모든 판단에서 종교적 판단이 우선시 되었다. 이시기를 서구사회는 문명의 암흑기라고도 한다.

견고한 서구사회 중세구조를 무너트린 것은 과학기술이 발전되었던 오스만투르크였고, 오스만투르크의 콘스탄티노플 점령은 서구사회의 충격이었다. 이후 서구사회는 종교 중심의 중세를 벗어나서 합리적 이성을 추구하는 르네상스와 종교개혁을 이루었고 그

것이 근대문명을 만드는 계기가 되었다.

즉 서구사회에서 근대를 열었던 가장 큰 변화의 시작에는 종교가 아닌 인간의 이성적 판단에 의한 세계관을 철학자들이 정의하고 대중이 받아들이는 과정이었음을 빼놓을 수 없다.

## 보헤미안, 진실하고 사랑하자

2017년 우리 가족은 유럽 가족여행을 다녀왔다. 주로 캠핑 위주로 다녀 숙박비용을 줄일 수 있었다. 첫 여행지는 체코였다. 유럽 사람들이 보헤미안이라고 부르는 사람들이 많이 거주 하는 보헤미아 지역이 체코에 있다. 그곳에 집시들이 많이 거주하면서 보헤미안이라는 이름으로 불리게 되었다.

'보헤미안랩소디'를 노래한 그룹 퀸의 프레디 머큐리(Freddie Mercury : 1946년 9월 5일 ~ 1991년 11월 24일)는 인도계로서 탄자니아 잔지바르에서 태어났다. 그는 비록 세계적 스타였지만 그 역시 보헤미안의 집시처럼 비주류였다.

체코의 수도 프라하 광장에는 잘 모르는 동상이 있다. 우리가족은 광장을 다니면서도 동상 주변을 무심코 지나갔었지만 사진앨범 속에 종교개혁의 전설적 인물이 있었다는 것을 나중에 알게 되었다.

그는 종교개혁가 얀 후스(Jan Hus, 1372년?~1415년 7월 6일)로서, 부정부패를 일삼던 로마 가톨릭교회 지도자들을 강하게 비판하다가 교회로부터 파문당한 후 1415년 화형 당한다.

얀 후스는 루터와 칼뱅보다 100년 앞선 체코의 종교개혁가로서 그는 라틴어로 된 성서교재를 버리고 체코어로 번역하여 다시 만들고 로마 교황청에서 금지한 체코어 설교를 불복하다가 결국 콘스탄츠 공의회 자리에서 화형에 처해진 것이다.

역사를 통해 종교개혁을 포함한 개혁의 본질은 정보 접근성 확대와 매우 밀접하다는 것을 알 수 있다.

얀 후스는 화형 이후 종교인들 사이에서는 위대한 순교자로 불리며 존경의 대상이 되었다. 그의 서거 500주년을 맞아 1915년 구시가지 광장에 얀 후스 동상을 세워졌다. 동상 아래에는 얀 후스가 죽기 전에 남긴 다음과 같은 말이 적혀 있다.

**"서로를 사랑하라. 모든 이들 앞에서 진실(혹은 정의)을 부정하지 마라."**

오늘날에도 정보는 권력이듯 당시 중세 기독교에서 성경을 볼 수 있는 사람은 소수의 종교 권력자들이었다. 그렇기에 소수의 종교권력이 기득권을 독점했다. 그러나 요하네스 구텐베르크가 금속활자로 1452년부터 3년에 걸쳐 성경을 인쇄하면서 대중에게도 확산되었다.

구텐베르크 성경에 비해 78년 앞선 고려의 직지심체요절이 최

프라하 구시가지 광장에 위치한 얀후스 동상

초의 금속활자본이긴 하지만, 우리의 경우 문자와 책이 특권층에 머무른 문명 사치였다면, 유럽의 경우 대중에게 대량의 정보 확산과 문명의 특성을 바꾸는 데 큰 영향을 미쳤다.

인쇄술 같은 과학기술 덕분에 누구나 성경을 가지게 됨에 따라 과거처럼 정보가 독점되지 않아 개인이 직접 성경을 해석하고 신앙생활을 영위할 수 있게 되었다.

이것이 16세기 마르틴 루터와 같은 종교인들에 의한 종교개혁을 이루게 된 계기 중 하나이다. 루터의 종교개혁 이후 서구사회는 암흑기를 벗어나서 르네상스시대로 전환했다. 철학도 이성적 사고관으로 전환하는 방향으로 발전 했었다.

독일 관념철학의 기반을 확립한 프로이센의 철학자인 임마누엘 칸트(1724.4.22~1804.2.12)는 근대 계몽주의를 정점에 올려놓았으며,

그의 저서인 『이성의 한계 안에서의 종교 (Die Religion innerhalb der Grenzen der bloßen Vernunft)』라는 책을 통해 도덕과 이성의 입장에서 과거 기독교가 가졌던 주술적 특징을 제거한 인간이 인식하는 범위의 이성 안에서 종교에 접근한다.

인류사회 발전중 산업화는 이성의 뿌리에서 비롯되었다. 이성적 사고의 기반을 이룬 철학자 칸트는 종교에서조차 이성을 강조했다. 칸트는 인간의 이성으로 판단할 수 없는 부분에 대해서는 논하지 말아야 한다고 한다. 즉 검증되지 않은 이야기 혹은 경험은 논의 대상이 아니라는 것이다.

그러나 무속, 샤머니즘의 경험은 대체로 검증 가능하거나 증명 가능하지 않다. 그럼에도 무속적 해법은 손쉽게 돈을 주고 개인의 성공을 빌어준다. 주술 관념을 가진 한국 개신교는 중세의 종교관과 닮아 있다. 서구 중세시대의 마녀사냥으로 처녀들을 불태워 죽인 것은 주술적 특성 때문이다. 한국사회 개신교에서 빨갱이는 죽여도 된다는 무비판적 관념과 분노 의식도 주술적 특성이었다. 서구 사회는 주술적 종교의 야만성을 멀리하고 계몽주의 철학을 받아들이며 근대 혁명의 시대를 맞이한다.

## 무당질이 코리아를 난도질 하다

근대화 과정을 충분히 소화하지 못한 한국사회에는 전근대적 의식과 샤머니즘의 영향이 여전히 남아 있다. 무속이나 기복신앙과 같은 사고방식은 개인적으로 재미삼아 볼 수는 있겠지만 국정 운영 및 기업 운영에 영향을 미친다면 심각한 문제이다.

샤머니즘은 불교, 유교 등과 결합하며 지속되었고, 조선시대에는 유교적 금지에도 민중 속에서 뿌리 깊게 자리 잡았다. 일제강점기와 해방 후에도 샤머니즘은 강화되었고, 한국의 기독교와 불교 역시 무속과 결합한 기복신앙의 특징을 보이고 있다.

근대정신은 이성과 합리성을 바탕으로 토론과 비판을 통해 발전한다. 스위스 정신분석학자 카를 구스타프융(Carl Gustav Jung, 1875.7.26~1961.6.6)은 샤머니즘을 콤플렉스 현상으로 설명하며, 이를 극복하기 위해서는 초월적 목표를 통해 자아실현을 추구해야 한다고 주장했다.

샤머니즘과 기복신앙이 만연한 사회는 광기에 빠질 위험이 있다. 오늘날 권력자들의 무속숭배는 한국사회를 때 아닌 계엄령을 통해 과거로 후퇴시킬 뻔했고 계엄에 가담자 상당수가 무속에 영향을 받았다는 것이 확인되고 있다.

문제는 많은 대중의 의식에도 샤머니즘이 남아 있다. 우리 안에 내재된 전근대적 샤머니즘을 경계해야 한다. 근대 서구사회 역사 발전과정을 다시 복기할 필요가 있다.

## 카타르 올드숙(سوق ) 밤 카페와 물 담배

유럽사회의 큰 변화도 커피 마시는 카페로부터 시작되었다.

커피의 시작은 에티오피아라고 한다. 에티오피아 목동이 염소가 커피 열매를 먹고 날뛰는 것을 보고 사제에게 알려줬고, 이슬람 사제는 이것을 태워보면서 맛을 보다가, 커피를 통한 각성효과를 알게 되었다고 한다. 이후, 커피는 밤으로 상징되는 이슬람 문화를 만드는데 큰 역할을 했다.

이슬람의 전통시장 올드숙(سوق)은 밤이 더욱 활기차다. 시장을 들어서면 향신료 냄새와 함께 물 담배 피우는 사람들과 커피 마시는 사람들을 볼 수 있다. 밤이 화려한 이슬람 문화는 밤늦게 토론하며 과학기술을 발전시켰던 시대의 영광이 현재까지 이어진 것으로 보인다.

카타르 및 이스탄불의 밤 시장을 지나가다 보면 활기 넘치는 사람들을 볼 수 있었다. 이슬람 문명권 나라들이 위치한 중앙아시아 및 사우디 등 사막지역은 낮이 뜨겁고 더워 오히려 밤이 활동하기에 좋다. 그런 지역 특성에 따라 활동하기 좋은 밤에 서로 교류하고 커피를 마시며 물 담배를 피우는 문화가 자리 잡았다.

터키는 술이 허용되지만 대부분 이슬람 국가들은 커피와 물 담배로 밤을 지새우는 것이 일상이다. 커피의 각성 기능으로 사람들은 밤에 잠을 이겨낼 수 있었고 밤이 화려한 이슬람 문화를 만들어 냈다.

본격적인 카페 문화는 이슬람의 중심국가인 오스만 제국에서 시작되었고 본격적인 커피 하우스(Kahve Khane)는 1555년 이스탄불에 열렸다.

카타르 전통시장(올드숙)의 밤은 물 담배와 커피를 마시는 사람들로

오스만 커피 마시는 방식은 좀 다르다. 커피 생두를 곱게 갈아 주전자에 넣고 끓이는 방식이다. 이를 위한 주전자로 이블릭(Ibrik) 또는 체즈베(Cezve)가 있다. 커피를 마시고 나면 찌꺼기가 남는데 컵을 뒤집어서 나온 모양을 보고 사람들은 화투점처럼 점을 치기도 한다.

추출방식은 달라졌지만 작은 크기의 에스프레소 잔은 오스만 커피를 따라한 것 같다.

런던의 커피하우스는 교육과 문학, 철학적 탐구, 상업적 발전 등으로 이어졌고. 런던의 커피하우스는 이렇게 이성의 시대를 열었다.

달빛모임(루나소사이어티, Lunar Society)은 1765~1813년 사이 50년 정도 영국 버밍엄 일대의 지식인들이 가졌던 비공식 모임으로 밤늦게 커피마시고 달빛을 보며 집으로 향한다는 의미였다.

회원들은 제임스 와트, 찰스 다윈과 같은 당대의 최고 과학자, 공학자, 사상가 등 14명으로 구성되었다.

오스만 투루크 커피잔과 커피 끓이는

파리의 카페는 프랑스 혁명의 진원지가 되었다. 역사학자들은 혁명의 폭풍은 커피한잔에서 시작했다고 한다. 역사를 통해 바라본 커피의 본질은 이성적 소통이다.

근대 이슬람에서 술을 금지하는 문화, 미국에서 금주령과 같은 정책이 왜 나타났는지 생각해 본다면, 본질적으로 산업 성장기의 이성을 바탕으로 하는 지적 노동력 강화를 위한 목적도 있었다고 할 수 있다. 커피문화는 인간을 이성적으로 각성시키고 문명을 새롭게 만들고 혁명을 태동시킨다. 커피는 혁명의 음료다.

## 비바 라 비다(Viva La Vida), 아모르파티

영국그룹 콜드플레이(COLDPLAY)가 부르는 비바 라 비다(Viva La Vida)는 스페인어로 "인생 만세"라는 뜻을 가지고 있다. 노래의 배경이 프랑스 대혁명이라 힘찬 기운이 느껴진다.

1760년대부터 유럽 산업혁명에 따라 대항해 시대를 맞이한 인류는 행동 범위가 넓어졌고, 막대한 자본은 축적한 계층 중심으로 프랑스 혁명과 같은 정치제도 변화로 나타났다. 신대륙을 발견한 스페인은 인디언 원주민들의 땅 아메리카를 약탈하면서 기존에 없던 새로운 정치체계를 만들었다

미국에서도 1789년 4월 조지워싱턴이 대륙군총사령관으로 등장했고, 프랑스는 1789년 프랑스혁명으로 왕을 몰아내고 선출직 시민대표가 왕을 대신하는 공화제로 변화하기 시작했다. 미국과 프랑스의 공화정 역사는 거의 비슷한 시기에 시작된 것이다.

자본가와 시민, 농민의 참여로 부르주아 혁명으로 발전한 프랑스 혁명은 절대왕정이 지배하던 구체제를 무너뜨리고 새로운 사회체제를 수립한 사건이다. 프랑스 혁명은 1830년 7월 혁명과 1848년 2월까지도 이어진다.

프랑스 혁명은 80년간 공화정, 제정, 군주정이 교체되는 불안정한 정치 상황으로 이어졌지만 혁명이 만들어낸 새로운 질서는 인류가 새로운 단계로 발전하는 계기를 만들었다.

프랑스 혁명의 주체인 부르주아들은 유럽사회의 르네상스와 대항해시대를 통해 형성된 새로운 상인계급의 성장과 연관이 많을 수 있다. 그들이 세계를 다니면서 가져오는 향신료 및 커피 등 무역으로 부를 축적했고, 자산 면에서는 신분지향 귀족들에 비해 모자라지 않았던 것이다.

그럼에도 왕권과 귀족사회의 차별이 있었을 것이고, 그들은 귀족과 왕족들에게 힘으로도 밀리지 않아 발생한 사건이 프랑스 혁명

이다. 이처럼 자본가 계급의 부상과 자유 의식 고취, 경제 불황과 평민층 불만이 혁명의 배경이다. 1789년 7월 14일 바스티유 감옥 습격이 본격적인 발단이 되어 혁명 기념일을 매년 7월 14일로 지정되었다.

2024년 파리올림픽을 보면 프랑스인들이 마리 앙뚜와네트 왕비가 자신의 목을 들고 노래하는 모습이 나온다. 이들이 프랑스혁명을 자랑스러워하는 이유는 새로운 정치제도를 만들면서 인류의 문명을 발전시켰다고 보기 때문이다.

역사학자들이 프랑스 혁명의 불꽃이 카페의 커피한잔에서 시작되었다고 말하는 이유는 당시 시민 계층 및 상공업에 있는 귀족 신분 아닌 사람들이 카페라는 공간에서 소통을 하고 혁명의 에너지가 축적되면서 왕권국가의 막을 내리고 새로운 공화정을 열었다.

실제로 이 시기 국가와 시민이라는 집단 정체성이 형성되면서 구체제가 붕괴되면서 군대 역시 변화를 선택 했다. 혁명을 통해 왕을 죽인 프랑스를 보고 있던 주변 왕국의 왕들은 두려워했다. 그래서 프랑스를 군사적으로 공격 하지만 프랑스 군대는 과거 군대가 아니었다.

왕국의 형식적 군대가 아닌 각자의 자율성이 있는 군대로서 더 막강했다. 그것이 나폴레옹 군대가 주변국의 공격을 막아내고 새롭게 제국을 만들 수 있었던 계기라고 할 수 있다. 즉 성공한 혁명은 과거의 체제보다 발전하고 비전을 보여줄 때 성공한다.

프랑스 혁명에서 전쟁 영웅 나폴레옹은 스스로가 황제가 되는 등 프랑스 혁명을 후퇴시킨 장본인이다. 시민 계급이 절대왕정과 봉건적 특권 계급에 맞서 승리한 최초의 사회 혁명, 그것이 바로 프랑스 혁명이다.

## 군대는 까라면 까는 곳이 아니다

산업 국가에 접어든 근대는 다양한 형태의 조직문화가 형성되던 시기이다. 다양한 시도를 통해 효율적 조직문화를 찾아내고 체계화하던 시기다.

그중에 가장 먼저 효율성을 검증하고 적용한 조직이 군대이다. 군대는 대체로 수직적 문화라고 알고 있지만, 반드시 그렇지만은 않다. 그것은 한국과 일본과 같은 극동 아시아의 군대 문화에 한정되는 이야기라고 봐야 한다.

프랑스 혁명 이후 나폴레옹군대는 유럽의 최강군이 되었다. 나폴레옹 혁명군대에 의해 독일 프로이센 군대가 무너지는 것을 보고 헬무트 카를 베른하르트 폰 몰트케 장군은 나폴레옹 군대가 프로이센 군대와 달리 각각 자율성 있게 움직이는 것을 발견하고 프로이센 군대에도 자율성을 부여하는 전술(임무형 전술 : Auftragstaktik 아우프트락슈탁틱)을 개발한다.

수직적인 군대에서는 명령에 의해서만 움직이기 때문에 후방에서 지휘관은 현장 상황을 잘 알지 못하는 상황에서 잘못된 명령을 내리게 된다. 이에 따라 현장에서 스스로 판단할 수 있는 임무를 통해 빠르게 대응 하도록 만드는 임무형 전술을 개발했다.

헬무트 카를 베른하르트 폰 몰트케
Helmuth Karl Bernhard von Moltke
(1800년 10월 26일~1891년 4월 24일)

그가 만든 임무형 전술은 군대는 무조건 수직적 명령구조를 가진다는 편견을 무너트리는 분권화 조직 방법론이다. 분권화 구조는 향후 독일 및 유럽사회 기업 및 국가 조직에도 영향을 줬다.

몰트케 장군은 "군인은 명령에 복종하는 것이 원칙이다. 그러나 인간은 그 원칙 위에 있다."라는 생각을 통해 상관의 명령에 복종하려고 할 때, 그것이 자신의 명예를 훼손한다고 판단되면 불복종할 수 있어야 한다고 말한다.

19세기 제국주의 시대에, 군대에 "분권화된 자율적인 조직(Decentralized Autonomous Organization)"의 개념이 탄생했고 몰트케 장군의 군대 조직문화는 기업문화 및 국가 조직 문화에 영향을 미친다. 이로서 분권화 개념은 민주적 조직구조를 완성한다.

채수근 해병이 해병대 수뇌부가 홍수 때 보여주기 식 무리한 수색 명령으로 안타까운 죽음을 당했을 때 잘못된 명령을 내린 당사자에 대한 성역 없는 수사를 하고 좌천을 당하게 된 박정훈 대령을 보면 몰트케 장군이 떠오른다.

그리고 12.3 내란에 동원된 젊은 군인들 마음속에는 5.18광주에 투입된 군인들과 달리 많은 갈등이 있었을 것이다.

그들 중 일부는 고속도로 휴게소에서 대기하고 국회를 배회하며 고위로 출동 지연을 했다. 그들의 마음에는 광주 5.18의 죽은 이들의 마음이 있었고 그들 또한 이번 불법계엄을 막아낸 제복을 입은 시민이다.

## 바다를 모르는 국가는 필히 망한다

세계는 다양한 경로와 수단으로 무역을 하지만 과거에는 육로와 바다 중심의 무역이 대부분이었다. 그중에서도 동로마 제국의 수도인 콘스탄티노플은 5세기부터 동서 교역의 중심지로서 과거 막대한 부가 모이던 곳이다. 동지중해에서는 남쪽에서 들어오는 식료품, 북쪽에서 들어오는 목재와 광물, 동지중해의 주요 도시로부터 들어오는 비단과 향료 등이 거래되었다.

교역중심 도시 콘스탄티노플이 오스만 투루크에 의해 함락된 이후 육지를 통한 무역로를 잃어버린 서구사회는 바다를 통한 무역항로를 찾게 되고 그것이 바람의 힘을 이용한 범선과 같은 항해술로 발전된다. 대항해 시대는 유럽사에서 대략 15~17세기로서 이 시기 여러 유럽 국가들은 식민주의를 정책사업으로 채택하고 제국주의 시대를 맞이했다.

이후 영국의 산업혁명으로 동력기관이 발전함에 따라 대항해 시대는 더욱 활기를 띠게 되어 증기선이 나타난다. 산업혁명시기 영국은 해가 지지 않는 나라였다. 대항해 시대 영국이 세계 여러 나라간 물류 환경을 개척하는 단계에서 오늘날에도 전 세계가 사용하는 무역에 대한 기준 인코텀즈 Incoterms(1812 영국법원) 제도가 생긴 것도 이러한 시대적 배경이다.

'인코텀즈(Incoterms)'는 국제 상업 용어(International Commercial Terms)를 의미하며 상업 거래 조건이란 뜻으로 다양한 상품 거래 형태들을 정형화하고 각 형태를 대표하는 용어로 부르는 거래형태 전반을 설명하는 방식이다.

세계가 무역을 하고 국제원조를 하는 행위들은 국제적으로 영향력을 만들어 가는 국제정치 영역이며 시장을 개척하는 경제영역이다. 과거부터 현재까지 국제 분쟁의 배경에는 자본 주도권 싸움이 있어 왔고, 그런 면에서 국제무역 및 국제간 협력 이면에는 제국주의 시대의 흐름이 있다고 봐야 한다.

## 식민지 쟁탈 격투기

산업혁명으로 탄생한 자본가와 산업권력 형성으로 축적된 자본의 힘은 결국 식민지 개척을 하러 전 세계로 나아간다.

이후 두 차례 세계 대전으로 이어지게 되지만, 산업혁명은 서구

사회에서 식민지를 만들고 쟁탈전이 가속화 되었고, 생산물을 소비하기 위한 무역로 확보와 식민지 개척의 흐름은 세계전쟁이 일어난 이유다.

유럽사회에서 산업화를 이룬 국가들은 세계로 다니며 식민지 각축이 이뤄졌다. 결국 산업화 기술은 군사 무기 기술을 강화 시켰다.

유럽사회의 식민지 약탈 경쟁은 탐험에서 시작되었다. 1876년 벨기에 국왕 레오폴 2세가 국제 중앙아프리카 탐험 및 문명협의회를 조직하고 스탠리라는 탐험가를 콩고지역에 보내고 이후 진출하게 되자 유럽각국은 앞 다투어 아프리카 원정을 한다.

1884년 유럽각국은 베를린에 모여 더 이상 싸우지 말고 사이 좋게 나눠 먹자는 취지에서 베를린 회의가 있은 지 30년 만인 1914년 무렵에 에티오피아와 라이베리아를 제외한 아프리카 모든 지역이 유럽의 식민지로 분할되었다.

특히 서부 아프리카 해안가 주변에 쪼개진 국가들의 모습을 유럽 각국이 식민지 개척을 하기 좋게 한 것이다. 아프리카로 진입하는 유럽 제국주의는 각 국가별 항구를 만들고 아프리카 대륙의 식민지 개척을 용이하도록 했다.

유럽인들이 임의대로 줄자를 대고 자른 것 같은 국경선을 만들면서 통치를 위한 방식으로 식민지를 만들었다. 이러한 식민지 약탈은 태평양을 넘어 패권을 확보하려던 미국이 일본과 카스라태프트 밀약을 통해 한반도에 대한 일본제국에 대한 *조선*

식민지배 인정과 미국의 필리핀 식민 지배라는 이해관계를 상호 확인했던 것과 일맥상통 한다.

현재 우리가 선진국이라 부르는 유럽과 미국 등 상당수 선진국이라고 불리는 국가들은 모두 약탈 기반 자본주의 경제를 통해 부를 획득한 국가라고 보면 된다.

1차, 2차 세계 대전은 패권 전쟁이고 전체주의 체제를 강화 시켰다. 1차, 2차 세계 대전의 성격은 산업혁명 이후 힘을 과시하던 제국들의 힘의 각축장이었다.

지구본을 보면 아프리카 대륙 국가들의 국경선이 수직으로 나눠진 것을 보고 이상한 생각이 들었을 것이다. 그리고 한민족이 남과 북으로 분단된 것도 자연스럽지 않다. 국경선의 유래가 제국주의 시대의 흔적임을 알게 된다면 오늘날까지 이어지는 패권주의가 만든 기형적 구조를 이해 할 수 있다.

독일 화가 안톤 폰 베르너의 "베를린 회의"(1881년). 1878년 7월 13일 마지막 모임 장면과
인위적으로 국경선이 분할된 아프리카 대륙 – 출처 : 위키백과

## 돈과 권력 무력 헤게모니 이동

　1차와 2차 세계대전은 산업화 국가들의 패권전쟁이라고 봐도 과언이 아니다. 영국이 대항해 시대를 통해 만들어 놓은 식민지 해군력을 신흥 패권국인 미국에게 넘겨주는 일이고 결국 2차 세계대전 이후 미국과 소련 중심 새로운 질서가 형성 된다.

　자본의 중심 이동을 정의한 조반니 아리기(Giovanni Arrighi) (1937년 7월 7일-2009년 6월 18일)라는 학자가 있다. 그는 자본주의 경제가 순환한다고 하며 베네치아와 제노바에서 시작된 자본주의는 네델란드로 넘어가고 네델란드가 해상권을 쥐고 있던 1648년 이후 영국과 네델란드 전쟁으로 해상 패권이 영국으로 넘어 간다. 이후 영국 패권은 19세기 말 세계대공황(The Great Depression)이 발발하자 미국으로 넘어가게 되면서 미국이 세계 중심 시대를 열었다.

　이와 함께 두 차례 세계 대전 이후 완전하게 미국이 패권의 중심 국가로 부상한 후 미국 트루먼대통령은 트루먼 독트린을 통해 2차 대전까지 같은 연합국 소속이던 소비에트와 공산세력을 적으로 돌리며 냉전을 선언한다. 이 때 미국국무장관 조지.C.마셜은 냉전을 만드는 트르먼 독트린을 지원하는 재무계획으로 마셜 플랜(Marshall Plan)을 기획한다. 마셜 플랜은 제2차 세계 대전 이후 전쟁으로 폐허가 된 서유럽 동맹국들을 중심으로 유럽 자유 국가들의 재건과 경제적 번영을 위한 재건과 원조 기획을 한다.

　마셜 플랜은 1947년 6월에 있었던 유럽-미국 회의에서 처음 제안되었고, 이 시기 유럽에는 친미성향 국가가 나타나고 이후에 세계는 미국과 소련의 체제 경쟁시대가 되었다고 봐야 한다. 마셜 플랜으로 체력을 확보한 유럽 국가는 해방된 아시아에서 다시 식민지 패권을 주장하다가 여러 차례 인도차이나 전쟁의 원인이 되었고, 미국은 이후 공산화를 막는다는 구실로 베트남 전쟁을 만들었다. 이승만 정권은 미국의 마셜플랜처럼 막대한 자금을 받아들이기 위해 미국의 입맛에 맞게 1950년대 매카시즘을 이데올로기로 받아들이며 제주 4.3 및 보도연맹 등을 통해 무자비하게 양민을 학살했다.

유럽사회 패권의 흐름은 시기별 특징들이 있는데 17세기 '네덜란드식 법인 자본주의'는 특허 주식회사들에게, 19세기 영국은 제조회사들에게, 20세기 미국은 다국적 기업들에게 독점적 권한을 부여한다. 이들 기업들이 그 시대의 중심에 있고, 패권이 넘어갈 때도 금융 팽창이 나타났다는 것이다.

이탈리아 사회학자 조반니 아리기(Giovanni Arrighi)는 그의 저서 『장기 20세기 돈과 권력, 그리고 우리시대의 기원: The long twentieth century : money, power, and the origins of our time 』에서 자본주의는 이탈리아 베네치아와 제노바(1340년대~1630년경)에서 시작됐다고 한다.

이후, 네덜란드(1560년경~1780년대), 영국(1740년경~1930년대), 미국(1870년경~)으로 자본 헤게모니가 전환되었다.

세계 질서의 본질을 이해하려면 자본과 패권의 연장이라는 관점으로 봐야 한다. 또한, 패권주의 역사를 이어온 서구사회는 오랫동안 이어온 일종의 상징체계를 가지고 있다.

로마제국은 이집트, 유럽과 북아프리카를 넘어 세계의 한축으로 자리 잡을 때 성장하는 곳 마다 이집트에서 약탈해온 오벨리스크를 설치했다. 당대의 강대국 이집트를 이긴 승자로서 위용을 과시하기 위해서 아닌가 생각하게 된다.

이에 따라 동로마 수도였던 콘스탄티노플(이스탄불)에도 오벨리스크를 세웠고, 터키 이스탄불 여행을 하다보면 과거 제국의 상징이었던 오벨리스크를 볼 수 있다.

이 오벨리스크는 원래 기원전 1450년경 이집트 제18왕조의 투트모세 3세가 세운 오벨리스크를 콘스탄티노플로 테오도시우스 1세 통치 기간 중 옮겨 왔다고

제국주의 상징을 따라가 보면, 유럽이 제국의 수도를 세운 곳에는 모두 오벨리스크가 있다. 미국의 수도 워싱턴에도 워싱턴 기념탑이라는 이름으로 169미터의 거대한 오벨리스크가 세워져 있다.

미국은 유럽사회의 패권주의 역사를 승계한 국가이다. 그렇기에 미국은 기본적으로 군사국가의 특성을 가지고 있다. 그렇기 때문에 이라크에 대한 무차별 공격이 가능했고, 통킹만 사건을 통해 프랑스를 대신해서 베트남 전쟁을 하기도 했다.

이처럼 수많은 국가들의 내정에 간섭하기도 하며, 최근 중국의 부상에 대해 미국은 동맹국의 희생을 강요하는 것도 패권주의 국가이기에 나타나는 현상 이다.

## 2. 괴물이 된 전체주의

　산업혁명 이후 많은 국가가 공화제를 채택했지만, 당시 존재하던 공화정, 왕정, 공산주의 국가를 막론하고 대다수의 국가가 전체주의 체제로 변모했다. 전체주의 체제의 등장은 산업화의 또 다른 모습이다.

　이 같은 변화의 원인은 모든 국가가 산업화를 동력으로 식민지 영토 확장을 추구했고, 제국주의와 군사력 강화를 중시했기 때문이다. 군국주의 국가들은 대중을 통제하고 국가적 통합을 추구했다. 이런 시대흐름 속에서 군국주의 국가들은 국가주의를 중심으로 개인의 희생과 국가에 대한 절대 충성을 강조했다. 이를 우리는 전체주의라고 부른다.

　산업화에 성공한 국가들은 전쟁을 통해 경제 주도권을 차지하려

했으며, 전체주의 정권들은 무기 생산 등 산업 분야에 사람들을 강제로 동원했다. 히틀러의 나치 독일, 무솔리니의 이탈리아, 스탈린의 소비에트 연방 같은 전체주의 정권이 등장하던 시대였다.

전체주의가 확산되던 시대, 영국의 작가이자 기자였던 조지 오웰이 있었다. 그는 인도 식민지에서 공무원의 아들로 태어나 언론인이자 작가로 활동했으며, 『동물농장』과 『1984』같은 소설 작품을 통해 권력의 본질을 예리하게 고발했다.

오웰의 소설『1984』에서 묘사된 미디어를 통한 프로파간다는 히틀러나 일본의 군국주의 등 전체주의 사회의 특징을 잘 보여준다. 실제로 일제는 3.1혁명 이후 좀 더 고도화된 선전 기법을 도입한 문화통치라는 식민지 정책을 추진한다. 이를 위해 조선일보(1920년 창간)와 동아일보를 통해 한글 신문을 발행했지만, 이 신문들은 일왕

조지오웰 (1903년 6월 25일~
1950년 1월 21일)

찬양과 전쟁 지원을 독려하며 식민통치를 정당화하는 프로파간다 선전 도구로 활용되었다. 놀랍게도 과거 제국주의 선전도구는 해방 후 대한민국에 그대로 남아 당시의 속성과 영향력을 그대로 유지하고 있다.

## 언어의 왜곡과 대중 통제

조지오웰의 소설에는 '전쟁은 평화', '무지는 힘', '자유는 예속' 같은 이중적 언어가 등장한다. 이는 대중이 부정적 판단을 하지 못하게 만들고 사고를 통제하기 위한 수단이었다.

빅브라더의 이중 언어방식인 오웰식 어법은 과거 한국 사회의 역사 교과서에서도 나타난다. 예를 들어, '동학의 난'이라는 표현은 동학혁명을 폄하하고, '3.1운동'이라는 용어는 혁명적 가치를 낮추려는 의도가 담겨 있다.

빨갱이라는 프레임은 대상을 죽여도 괜찮다는 폭력을 정당화했고, 친일이라는 순화된 용어는 매국 행위조차 별거 아닌 것처럼 여기도록 하는 효과를 낳았다. 이중 언어 왜곡은 현재에도 대중을 통제하는 도구로 사용되었다.

한국 사회는 오웰의 소설 『1984』에서 예견된 전체주의적 현실을 닮았다. 교체되지 않는 재벌, 언론, 검찰 등 권력 집단은 빅브라더처럼 대중을 통제한다. 소설 『증오의 시간』에 나오는 장면은, 검찰과 언론이 결탁해 대상을 공격하고 대중의 분노를 유발하게 하는 한국 사회의 언론현실과 유사하다.

예를 들어, 검찰의 먼지털이 방식 수사와 언론의 선동은 야당 대표 시절 이재명을 가택 연금 상태처럼 몰아갔고, 조국 전 장관, 한명숙 전 총리 등도 정치적 희생양으로 과도한 처벌을 받았다. 노무현 대통령 역시 언론과 검찰의 공작에 희생되었으며, 삼양라면 우지파동 왜곡보도는 언론이 자본의 하수인으로서 어떻게 기업 경쟁 구도를 왜곡하는지 보여주는 오래된 사례이다.

조지 오웰이 말한 '빅브라더'는 미디어와 포털, 언론을 통해 대중 의식을 왜곡하는 기득권 집단의 모습을 상징한다. 전두환은 '정의 사회 구현' 같은 표어를 내걸고 폭력을 정당화했듯, 대중은 언론과 권력의 이중성을 간파해야 한다.

대중은 미디어 정보를 무비판적으로 받아들이는 대신 본질을 꿰뚫는 비판적 사고를 가져야 한다. 이것이 우리가 전체주의의 반복을 막고 민주사회의 가치를 지키는 유일한 길이다.

## 영화 메트로폴리스

기술과 사회변화가 일상을 변화시켜온 근대사회를 겪었던 사람들이 바라본 미래는 어떠했을까? 어떤 미래를 상상했는지 알게 되면, 시대흐름이 더욱 명확해진다.

메트로폴리스 - 프리츠 랑
(Metropolis, 1927)

1927년 SF 무성영화 『메트로폴리스』는 미래를 그린 영화다. 『메트로폴리스』는 프리츠 랑 감독이 독일 영화사(UFA)에서 자신의 부인 테아 폰 하르보우의 원작소설을 바탕으로 만든 무성영화이다.

SF 영화의 시초 및 SF 디스토피아 원형 가운데 하나로 꼽힌다.

미래 도시와 로봇, 노동과 사회에 대한 비전을 보여준 것으로도 유명하다. 또한 유네스코 세계기록유산에 처음으로 등재된 영상물로 SF 디스토피아 영화에 영향을 미쳤다.

## 콘크리트 유토피아

프리츠 랑 감독은 뉴욕에 가서 마천루 풍경을 보고 메트로폴리스 구상에 들어갔다. 이 영화는 뉴욕의 모방을 넘어 미래 비전도 보여주었다.

영화 속 도시 모습은 현대적 모더니즘 양식의 고층빌딩이다. 당대 뉴욕의 고딕양식 고층빌딩을 넘어선 건물로 현대적 느낌의 고층빌딩은 계획안으로만 제시가 되던 상황이었다.

자동차가 고가 도로를 달리는 모습도 현대 도시의 중요 기능으로 효율적인 교통에 관심을 두고 있던 모더니스트 건축가들의 영향을 받았다.

언젠가 한국사회의 빼곡한 아파트단지를 본 외국인이 무섭고 아름답다고 표현한 것을 본 적 있다. 우리사회 아파트는 이 메트로폴리스 건축 비전이 실현된 것인지 모른다.

아파트는 거주하며 주변 사람들과 소통하며 문화를 쌓는 곳이 아닌 돈처럼 거래하고 투기하는 성격이 크다. 획일적 형식으로서 재화처럼 값을 정하기 쉬워 소비되기 좋은 구조이다. 따라서 아파트 거래를 통해 삶의 공간이라는 목적보다 욕망 소비 목적으로 아파트를 소비한다. 무분별한 아파트 건설은 우리를 소중한 기억과 단절시키고 우리 공동체를 무너트리고 있다.

공동체에서 보호받지 못하는 대중은 언제나 불안하고 꿈을 잃는다. 사회적으로는 저출산 문제도 유발된다. 우리는 어쩌면 실험용 쥐처럼 살고 있는지 모른다. 전체주의 문화가 우리 삶의 공간에도 영향을 미친 것이라고 볼 수 있다.

메트로폴리스에 도시 고가 관경 (Metropolis, 1927)

## 계급사회 과노동(過勞動)

메트로폴리탄은 계급사회의 특징을 표현하고 있다. 영화에 등장하는 세계는 두 가지로 구분되어 있는데, 부르주아들의 지상낙원과 오직 일만 하는 노동자에의 지옥 같은 지하세상이다. 지상의 부르주아들은 지하에서 나오는 노동의 대가로 천국을 향유하고 있으나 지하의 노동자은 부르주아들을 위해 하루 10시간씩 혹독한 일을 한다.

당시에도 만연한 계급 구조를 적나라하게 그리면서 바라본 미래사회는 차이가 극명해진 모습을 하고 있다.

노예 같은 삶을 사는 메트로폴리스 노동자 (Metropolis, 1927)

실제로 오늘날 우리 역시 메트로폴리스에서 표현된 계급사회의 특징을 가지고 있다. 그러나 계급불평등 문제의식을 가지고 있던 서구사회는 메트로폴리스에 나타난 비극적 미래사회에 대한 경계를 통해 1968년 68 혁명을 분기점으로 후기 근대화(포스트모던) 사회라는 흐름을 만들어 냈지만 여전히 우리는 여전히 산업사회의 의식에 머물고 있다. 아직도 많은 기업인 및 정치인들은 노동자를 동반자가 아닌 비용으로 생각하고 착취 대상으로만 본다.

## AI, 과연 대안인가?

로봇에 인간의 정신을 연결한다는 발상 미래적 상상이 인공지능과 로봇으로 오늘날 실제로 구현되고 있다. 특히, 그 시기에 나온 로봇에 대한 상상은 스타워즈, 공각기동대 등 수많은 SF영화에 영향을 준다.

일론머스크는 두뇌에
전극을 박고 실제로 반
신부스인 사람들에게
로봇팔을 움직이게 하거
나 장님의 눈을 볼 수

영화속 마리아를 대체하여 만든 로봇(Metropolis, 1927)

있는 형식으로 발전시키려 하고 있다. 이러한 개념은 현재 BMI(Brain
Machin Interface), BCI(Brain Computer Interface) 처럼 기계와 혹은 컴퓨
터와 인간의 뇌를 연결하는 개념으로 인공지능과 인간지능을 연결
하는 기술 시대를 준비하고 있다. 현재의 과학기술은 상상을 현실
화하고 있다.

최근의 로봇기술 발전은 일자리의 변화를 예고하고 있다. 메트
로폴리스의 세계에서는 여전히 노동자의 강제노동 시대를 그렸지만,
우리가 맞이할 현실은 모든 형태로의 노동에 인공지능이 함께하는
시대를 맞이하게 될지 모른다. 인류는 관념화한 종교를 만들었고
인간이 만든 종교에 의해 인간이 지배당하는 중세시대를 경험을
했다. 이러한 현상을 철학자들은 인간 소외현상(Human alienation)
이라고 한다. 독일 철학자 칼 마르크스는 마르크스주의 소외론
(Karl Marx's theory of alienation)에서 인간이 만든 자본주의에 의해
인간이 부품처럼 소외되는 현상을 이야기 한다. 그런데, 우리는 인
공지능에 의해 또 다른 형태의 인간 소외 현상을 맞이할지 모른다.

미래사회 위험성을 낮추기 위해서는 우리는 인간중심 철학적 사유를 해야 한다.

## 좌파 매력남 임화가 본 메트로폴리스

1929년 4월 3일은 메트로폴리스가 일본과 경성에 개봉한 날이라고 한다. 조선의 지식인들 사이에서도 메트로폴리스는 큰 화제였다. 사회주의 지식인 임화는 메트로폴리스에 대한 영화 평론에서 "잘 만들었지만, 이데올로기가 불순하다"고 혹평했다. 영화 결말이 계급혁명으로 결정지어 지지 못하고 타협적으로 봉합되어 아쉽다는 뜻이겠다.

일제강점기 경성과 일본에는 로봇 붐이 불었다 한다. 과학 잡지 및 SF작가들의 소재로 소비되었다. 아톰을 만든 데츠카 오사무 역시 어린 시절 가장 영향 받은 영화가 메트로폴리스라고 하니 아톰을 구상하는데 영향을 줬다고 할 수 있다.

조선 지식인들 사이에서도 근대화와 기술적 흐름이 확산되었고, 그들이 산업화의 문제의식을 품고 있었음을 알 수 있다. 그런 측면에서 그들이 쓴 시와 문학을 모더니즘 영역이라고 할 수 있다.

## 나는 성찰한다. 고로 존재한다.

12월 3일 우리는 명백한 불법 계엄령에 대해 거부하지 않는 장관들의 모습을 보면서, 불법계엄을 위한 다양한 작전을 모의하고 순응한 군 장성들의 모습에서, 내란인 줄 알면서도 정권을 빼앗길까 봐 집단으로 의회 투표를 하지 않는 여당의 모습에서 권력 가진 자들의 이기적 행위에 실망하고 놀라워했다.

악인은 따로 존재하는 것일까, 아니면 평범한 사람도 악해질 가능성을 지니고 있는 것일까? 1960년, 홀로코스트의 주요 가해자로 여겨지는 아돌프 아이히만이 이스라엘 비밀경찰 모사드에 의해 아르헨티나에서 체포되어 재판을 받기 위해 이스라엘로 끌려갔다. 한나 아렌트는 전쟁범죄를 특정 국가가 아닌 인류 전체의 문제로 국제법정에서 다루어야 한다고 주장했지만 재판은 예루살렘 지방법원의 특별 재판소에서 진행되었다. 재판장 내 방탄유리 부스 안에서 아돌프 아이히만은 자신은 오로지 명령을 따랐을 뿐이라고 했다.

이스라엘 최고 법원에게 사형을 선고받았다. 1961년 4월 11일에 열린 아돌프 아이히만의 재판은 뉘른베르크 국제군사재판에 이어 유대인 범죄를 널리기 위해 국제적으로 보도되고 방송되었다.

이 방송을 보고 한나 아렌트(Hannah Arendt, 1906.10.14~1975.12.4.)는 나치에 부역한 아돌프 아이히만의 사례를 통해 '악의 평범성'을 제기했다. 아이히만은 특별히 사악한 사람이 아니라 명령에 따라 행동하며 출세주의를 좇은 평범한 관료였다. 이는 악이 누구에게나 나타날 수 있음을 보여준다.

한국 사회에서도 이와 유사한 현상들을 본다. 권력 장악을 위해

도덕성에 흠결이 있는 인사들을 과감히 임명하며, 이러한 인사들은 일관되게 출세주의로 행동한다. 특히, 분명히 잘못된 명령 혹은 잘못된 지시인지 알면서도 자신의 안위를 위해 방조하는 모습이 우리 주변에서도 흔하게 보인다.

이는 조직과 사회의 철학 부재, 상명하복 문화, 수직적 구조와 인맥주의로 연결되며 교육 현장과 기업에서도 나타난다. 결론적으로, 한나 아렌트가 지적한 것처럼 특별히 악한 존재가 아니라, 비판 없이 행동하며 이익만 좇는 사람들이 사회적 악을 만든다.

결국 평범한 대중 모두가 비판의식을 키우고 생각하는 힘을 키우는 것은 인간으로서 본질을 지키는 길이라고 할 수 있다.

한나 아렌트의 명언에서 단지 먹고살기 위해 아무생각 없이 사는 인간이 아닌 생각의 주체로서 우리를 생각해 보게 된다.


Evil comes from failure to Think
(악은 생각의 실패에서 비롯된다.)

To Think and to be fully alive are the same
(생각하는 것과 충만한 삶은 동일하다.)

# 3. 우금치 남태령 앞으로! 앞으로!

## 고래사냥, 동으로 가자!

근대화는 서구에서 시작되어 아시아로 확장되며 정치적 변화를 초래했다. 조선은 성리학 통치 이념 아래 중앙집권적 민본주의 체제를 구축했으며, 이는 백성을 중심으로 한 진보적 요소를 포함했다. 조선 600년은 역성혁명을 거쳐 만든 진보적 사회경험 없이는 불가능했다. 조선은 역성혁명으로 이룩한 국가였다.

조선은 왕권국가이지만 백성이 근본이라는 민본주의(民本主義) 사상을 가진 국가였다. 그러나 조선 후기 부패와 개혁 부재로 기존 체제가 붕괴하면서 인민 주도의 정치가 등장했다.

'동학농민혁명(1894년)'은 민중이 통치주체로 변화하는 계기로, '사람이 곧 하늘'이라는 철학을 기반으로 평등과 휴머니즘을 강조했다. 동학은 종교적 형태를 띠었으나 본질적으로 조선 초 정도전이 꿈꾸었지만 이루지 못했던 민권주의(民權主義)를 이어가고 민(民)이 주인이 되고자 하는 민중의 몸부림이었다.

동학혁명사상은 더 이상 무능한 왕과 관료에게 지배당하는 백성이 아니고자 세상을 바꾸고자 했다. 당시 유럽사회에서 인민(人民 : People) 즉, 부루주아 계급(人)과 대중집단(民)이 힘을 모아 왕권을 몰아낸 프랑스대혁명처럼 당시 조선의 가장 중요한 농업 생산계층이 주도하는 농민들이 모여 농민혁명을 꿈꾸었다.

따라서 동학혁명은 전근대적 조선 사회에서 근대적 사상으로의 전환을 이끌었다. 이는 후일 3.1혁명에서도 천도교를 통해 중요한 역할을 했다. 그러나 기득권층인 노론과 왕족은 동학사상을 받아들일 수 없었고, 도리어 일본과 협력해 권력을 유지하려 했다. 민중이 이끌어온 동학혁명이 오늘날 한국 민주주의의 기반일 수밖에 없는 이유는 비교적 아시아에서 진보적이었던 조선의 민본주의 전통이 있었기에 가능했다고 할 수 있다.

## 우금치, 불사조가 타고 남은 자리

불사조는 500년마다 스스로를 불태우고 재가 된다. 그리고 그 재에서 다시 불사조는 태어난다. 동학농민혁명 같은 민중혁명을 막기 어려웠던 쇠퇴기의 조선왕조는 결국 외세를 끌어들이면서 멸망을 재촉했다.

비록 1894년 10월 23일 우금치 전투에서 조선 관군 1500명, 기관총 등 최신 무기로 무장한 일본군 200여명 및 훈련병 등 세 주체가 뒤섞여 격전을 벌였다.

동학농민혁명군은 2만 여명으로 절대적인 수적 우위를 점했으나, 우세한 무기를 갖춘 진압군의 방어선을 뚫을 수 없었다. 우금치 전투에서 패배한 혁명군 세력은 급속도로 와해되었고, 혁명의 동력 또한 상실되었다. 우금치 전투는 동학농민운동의 마지막 불꽃이었다.

비록 동학혁명은 좌절되었지만 조선 600년과 혁명을 경험한 인민은 일제강점기 3.1혁명과 4.19 혁명 등 헌법에도 표현되었듯이 민중이 주권의식이 있었기에 아시아에서 유일하게 근대화 의식이 자리 잡는 일이 가능했다.

한국민주주의는 우금치 벌판에서 죽어나간 죽음의 재에서 태어나는 불사조처럼 오늘날까지 우리 가슴속에서 불씨를 이어오고 있다.

대중봉기와 투쟁은 중국과 일본에서는 상대적으로 일어나기 쉽지 않다. 중국이 강력통제를 통한 엘리트 정치를 한다면, 일본은 오랜 사무라이 계급 전통으로 대중의 정치참여 의지가 존재하지 않는다. 보통의 일본인들이 정치참여 의지가 없는 가장 근본적 이유는 오랜 동안 사무라이 권력의 폭력에 길들여졌기 때문이라고 할 수 있다.

사무라이 사회인 일본에서 무사권력은 막대했다. 새로 만든 무사의 칼이 잘 드는지 확인하기 위해 행인을 베어보는 쯔지기리 辻

斬り(つじぎり)라는 풍습이 있을 정도였다. 일본 민초들은 살아남기 위해 사무라이들의 눈치를 봐야만 했고, 일본인들의 이중적 태도는 살기 위해 어쩔 수 없는 것이다.

반면, 1894년 갑오동학농민혁명은 프랑스혁명처럼 왕권을 인정하지 않고 모든 인간이 평등하다고 외친 아시아 민주주의를 여는 근대화 혁명이다. 따라서, 친일 사학자들의 식민지 근대화론은 논쟁할 가치조차 없는 엉터리 논리라고 할 수 있다.

## 전봉준 투쟁단과 젊은 불사조들

2024년 12월 내란을 일으킨 대통령 탄핵이 국회에서 넘어갔지만, 한덕수는 내란을 옹호하여 탄핵 절차를 진행하지 않자 분노한 농민들은 130년 전 동학혁명군이 한양으로 진군하듯 전봉준 투쟁단이란 이름으로 일주일 동안 트랙터를 몰고 서울로 올라오고 있었다.

그러나 경찰 봉쇄에 막혀 남태령에 묶여 있을 때, 광화문에서 집회를 하던 시민들과 소녀들이 케이팝 응원봉을 들고 남태령에서 밤새 경찰과 대치했다. 새벽에도 집회하는 영상을 보고 어떤 이는 따뜻하게 쉴 수 있는 대형버스를 보냈고, 어떤 이는 음식을 보냈고, 어떤 이는 핫팩을 보냈다. 이런 시민들의 도움으로 영하 7도 되는 밤을 뜬눈으로 새며 노래를 했다. 연대 발언이 이어지다 최종 봉쇄를 뚫고 전봉준 투쟁단과 시민들은 대통령 관저가 있는 한남동

대통령 관저 앞에가 집회를 했다. 이후, 시민들은 한남동 거리에서 눈 내리는 밤을 지새우며 새로운 민주시대의 창문을 열었다.

## "우금치 동학농민군들의 주검이 타고 난 잿더미는 130년 지나 남태령에서 젊은 불사조로 부활했다."

전봉준 투쟁단이 응원봉을 든 젊은 시민들의 연대 힘으로 남태령을 넘었던 것은 상징하는 의미가 매우 크다. 우리는 과거 조선말 관군과 일본군 기관총에 우금치에서 몰살당했던 동학농민군들이 이루지 못한 동학혁명의 과업을 130년 지나 젊은이들에게 이어 가게 되었다는 것으로 과거와 현재의 역사가 만남을 의미한다.

오늘날 젊은이들은 동학에서 이루고자 하던 정신이 서구사회가 경험한 68 혁명의 과제와 만난다는 것을 알고 있다. 그것은 모든 인간은 차별받지 않아야 하는 존엄성이 있는 존재로서 어떤 폭력도 인간의 존엄성을 건드릴 수 없는 국가를 만들어야 한다는 것이다.

## 사무라이 병정놀이 메이지유신

일본이 산업화에 성공한 부분은 에도막부 시절부터 축적된 상공업 활성화 덕분이다. 상공업 활성화에는 여러 요인이 있을 수 있다. 일본은 임진왜란 등을 기회로 조선의 기술자를 납치해 도자기 기술을 축적했다. 조선이 사농공상 운운하며 기술자와 상업을 천시한 것도 일본에 비해 상공업 발전이 뒤쳐진 이유일 것이다.

또한 에도막부 시절 지방 무사 권력을 견제하기 위해 산킨코타이(参さん勤きん交こう代たい, 참근교대)라는 방식으로 전국에 있는 다이묘들은 1년 주기로 수도인 에도(江戸, えど) 즉, 현재의 도쿄와 자신의 영지를 오가며 생활하도록 했다.

참근교대로 다이묘의 처와 자녀들이 에도의 저택에서 볼모 생활을 했기에 반란을 꿈꾸지 못하게 만드는 효과가 있었다. 많은 무사들이 에도와 지역을 오고 가는 과정에서 상업과 숙박업이 발전되는 효과가 있었다. 일본의 근대화라고 불리는 메이지유신은 사무라이 계급에 의해 진행되었다.

메이지유신은 에도에 사무라이들을 불러오게 하는 정책을 펼치면서 한편으로는 사무라이들에게 유학 공부를 권장했다. 그 결과 사무라이들은 자연스럽게 유교적 전통을 따르게 되었고, 오히려 에도막부를 타도하고 천왕을 옹립하는 메이지 유신의 논리가 되었다.

시민혁명을 거치지 않은 일본의 메이지 유신은 서구사회나 우리의 시민혁명과 달리, 유교적 중앙집권 체제를 강화하는 정치 개혁으로서 형식적 근대화에 불과했다. 따라서 기존의 신권 사회특성이 유지되었으며, 샤머니즘적 요소가 남아 왕을 신격화하는 경향도 남아있다.

다만, 일본이 산업화에 성공한 이유는 에도막부 시대의 상공업 발전이 자본 축적이 있어 가능했다.

이런 맥락에서 본다면 일본에서 정치제도와 근대화 과정을 우리가 배우고 따를 이유가 전혀 없다.

그러나 만주군관학교와 일본육사 출신인 박정희는 장기 집권을 위해 1972년 10월 유신과 유신헌법을 선포했으며, 이는 메이지 유신처럼 왕정복고하고 중앙권력을 추구했다. 본질은 군부 권력을 통한 영구집권을 목표로 했으니 박정희가 왕인 사회를 만들려고 했다.

또 다시 우리에게 찾아온 2024년 12월 3일 계엄 역시 윤석열과 김건희 부부는 박정희가 꿈꾼 유신정권처럼 영구집권을 꿈꾸었을 것이다. 언제나 예외 없이 집권에 성공한 친일 권력은 일본의 정치제도를 따라가려고 하는 속성을 확인 할 수 있다. 이것도 내선일체(內鮮一体)를 꾀하는 것일까?

## 에디슨, 조선사랑에 빠지다

영화 미스터션샤인을 보면 전차가 다니고 궁에 전기가 들어오는 장면을 볼수 있다. 조선은 일제강점기 이전 고종 시절부터 빠르게 산업화를 하고자 했었다. 고종은 1883년 7월 보빙사(報聘使)라는 외교사절단을 미국 등 서방 세계에 파견하고 보스턴 박람회에 출품하기도 하며 적극적 교류를 한다.

1887년에는 건천궁에 에디슨 전구가 도입되어 불을 밝힌다. 에디슨이 1879년 전구를 발명한 지 불과 8년 만으로 아시아 최초였다고 한다. 이와 같이 조선왕조 시절 전기, 통신, 철도 시설이 선제적으로 도입되었지만 근대적 정치제도를 이룬 것은 아니었다.

산업화와 근대화는 개념적으로 구분할 필요가 있다. 이 부분에 반론을 제기하는 사람들도 있겠지만, 근대화와 산업화를 혼용하여 이야기하는 경우가 많다 보니 의미가 종종 왜곡되곤 한다. 근대화는 공화정 같은 정치제도 및 문화적 측면의 발전이고, 산업화는 기술 및 경제적 측면의 발전이다.

산업화는 봉건주의 국가에서도 가능하지만 근대화는 그에 걸맞은 정치구조와 철학적 기반이 있어야 가능하다. 조선은 말기에 상공업 경시사상에 따라 자본 축적에서도 뒤쳐졌다. 이에 비해 일본이 아시아에서 산업화에 앞서나간 이유는 에도막부시대를 거치면서 지방 무사권력을 견제하기 위한 강제적인 교류로 상공업과 숙박 등 상업이 발전했기 때문이다.

조선후기 사회는 권력집중이 강한 구조의 특징상 계급화 된 사농공상(士農工商) 구조 속에서 학자나 농민에 비해 기술자와 상인들이 대접받지 못했다. 조선시대 사농공상과 같은 계급구조가 사회역동성을 줄이고 말았다.

조선후기 빠른 산업화를 위해 미국에 외교사절단인 보빙사(報聘使) 파견 등 서구 문물을 도입하려 노력했지만, 사회전반의 기술적 토대와 상업이 쇠퇴한 것이 취약점이었다. 조선 시대 후기 더욱 견고해진 계급구조와 계급인식이 산업화로 가는 발목을 잡았다고 할 수 있다.

우리 사회도 대기업에 집중된 구조와 사내의 수직구조는 역동성 없는 조선시대처럼 활력이 사라진 사회를 만들어 내고 있다. 왜 소니(Sony)가 몰락하고 삼성전자가 위기를 겪는지 생각해 본다면 이해할 수 있다.

근대화는 혁명이었다. 근대화 정신에는 신분제도와 계급을 따지지 않고 누구든 실력이 있으면 자기 역할을 바꾸어 갈수 있는 것이 가능해야 한다. 그래야 동기부여가 되고 집단은 힘을 발휘할 수 있다. 역사 속에서 방향성이 있는 혁명은 역동성을 만든다. 역성혁명으로 새로운 나라를 만들었던 조선 초기도 세종대왕처럼 조선 부흥기를 만들었다는 사실을 보면 알 수 있다.

## 일제강점기 노예시대 100년

일제강점기 일제는 내선일체를 내세웠지만 조선인을 차별하며 국적을 주지 않았고, 현재까지도 일본에 귀화하지 않은 재일조선인이 남아 있는 것을 보면 알 수 있다

조선인은 법적, 사회적, 정치적 권리를 박탈당한 노예 상태에 처해 있었다. 조선인은 일본인과 달리 '조선적(朝鮮籍)'이라는 신분

으로 구분되었으며, 이동과 법 적용에서 차별받았다. 독립운동 방지와 저렴한 노동력 확보를 위해 강제로 동원되었고, 조선총독부와 일본 정부는 납치와 인신매매 등 불법적인 방식으로 노동력을 착취했다.

이처럼 노예상태였다는 사실은 당시 미, 영, 중 대표가 모인 카이로선언의 문구에서 조선이 노예상태임을 명시되어 있는 것으로 확인가능하다.

앞의 3대국은 조선민의 노예상태에 유의하여 적당한 시기에 조선을 자주 독립시킬 결의를 한다.

The aforesaid three great powers, mindful of the enslavement of the people of Korea, are determined that in due course Korea shall become free and independent. - 카이로선언 1943

따라서, 뉴 라이트들의 주장처럼 당시 모두 우리가 일제강점기 일본인과 차별 없이 살았다는 주장은 설득력이 없다.

당시 조선인들은 열악한 환경에서의 강제노동은 산업재해와 사망 사고로 이어졌으나 일본 정부는 역사를 왜곡하고 축소하며 군함도와 사도광산과 같은 장소를 유네스코 문화유산으로 등록했다.

일본 정부는 여전히 이를 부정하며 개인배상을 인정하지 않고 반성이 없는 이유는 한국 사회 내 친일 기득권 세력이 정치와 자본 주류로 자리 잡은 현실과도 맞물려 있다.

일제강점기 조선인 노동착취 전통은 해방 이후 과거 적산기업을 이어오면서 군사독재와 산업화를 거치며 한국 노동자에 대한 억압으로 이어졌다. 노동운동은 '빨갱이'로 몰리며 탄압받았고, 파업은 불법으로 규정되어 노동자에게 막대한 경제적 피해를 강요했다. 최근 노란봉투법과 같은 개선 노력이 이루어지고 있지만, 노동자를 경영의 동반자로 인식하지 않는 근원적 원인은 과거 일제강점기 인식답습에 있다.

지금은 상상하지 못하겠지만 신입사원 시절(1995년) 나의 직장 선배들이 "조센진은 뭘 해도 안 된다." 또는 "조센진은 매가 답이다", "조선인은 냄비근성이 있어 안 된다"라고 스스로 비하하는 말을 들었던 적이 있다. 식민지 시대의 문화적 폐해가 영향을 미쳤던 것이다. 이제는 식민지 구조를 넘어 노동과 경영이 함께하는 새로운 인식이 요구된다. 노동자는 지배 대상이 아니라 동반자로 존중받아야 한다.

# 4. 몸부림치는 불쌈꾼(혁명가)

## 헌법은 아방가르드

헌법조문에는 '3.1운동' 정신이 나온다. 그러나 동학혁명에 이어 '3.1운동'은 연장선에서 '3.1혁명'으로 바꿀 필요가 있다고 생각한다. 일제 강점기 이전 동학혁명처럼 조선시대 민중의 마음속에 변화의 욕구가 있었기에 3.1혁명으로 이어진 것이다. 그 변화는 해방 이후 민주화 운동에 이르렀다. 또한 3.1혁명의 결과로 근대성을 갖춘 임시정부를 수립했고 오늘날 근대국가로서 대한민국 정체성이 깃든 헌법 정신이 남아 있는 것이라 할 수 있다.

헌법에 표현된 '3.1운동'은 근대적 혁명으로 기독교, 불교, 천도교 지도자들이 함께 힘을 합쳤고 현재 종로에 위치한 YMCA, 승동교회, 대각사와 천도교가 역할을 나누었다. 특히 천도교는 전국 조직으로 자금 마련을 위해 현재 천도교 수운회관(종로구 경운동 88 소재) 자리에 근대식 벽돌건물을 지으며 건축 헌금을 모아 3.1혁명을 준비했다. 무엇보다 목숨을 내놓고 길에 나섰고 일제에 죽임을 당한 수많은 이름 모를 민중은 대한민국이라는 근대를 만든 혁명가들이었다.

## 조선의 불쌈꾼들

서구사회가 프랑스 대혁명과 같은 분기점으로 근대 시대를 구분하는 것처럼 우리의 시대 구분은 어떤지 생각해 볼 필요가 있다. 한국사회는 여러 시대를 사는 사람들이 동시간대에 공존한다고 할 수 있다. 어린 시절 70년대는 국민교육헌장을 매번 수업 때마다 낭송하고 외웠던 기억이 난다. 이것이 우리 교육자체가 일본식이였음을 반증한다.

그 시절에도 어떤 선생님은 우리의 교육 현실 속 문제점을 우리에게 비밀스럽게 알려줬다. 일제강점기 독립전쟁을 수행하던 독립운동가들의 생각이 일제 치하의 일본인들에게 노예적 삶을 강요당했던 사람들과 달랐던 것처럼, 일부 선생님은 진실을 알려주기 위한 최소한의 저항을 했다.

일제강점기 임시정부 및 독립전쟁을 수행하는 선각자들 근대화 정신을 가지고 있었고 혁명가와 같은 삶을 살며 우리의 근대를 열었다.

신한청년단을 통해 3.1혁명과 임시정부의 틀을 만든 여운형, 김규식, 그리고 도산 안창호 선생은 국제적 흐름을 잘 알고 근대국가와 정부 구조를 만들었다. 임시정부로서 실질적인 독립전쟁을 수행해온 김구 주석은 이봉창 의거, 윤봉길 의거 등을 통해 중국 장개석 군대의 지원을 받을 수 있게 되었다.

의거로 인한 희생으로 만들어진 신뢰관계로 1943년 11월 이집트 카이로의 미국, 영국, 중국의 3대 연합국 대표가 모인 자리에서 장개석은 연합국이 한국의 독립을 약속하도록 주장하였고, 그 결과 "카이로 선언"에는 한국의 독립을 확인하는 내용이 담기게 되었다. 이처럼 김구 주석과 임시정부의 이봉창, 윤봉길 등 독립전쟁 영웅들은 민족해방을 위해 노력해온 혁명가들이라고 할 수 있다.

일본 제국(황국)의 백성(신민)을 뜻하는 일왕 체제의 황국신민이라는 말로 조선총독부는 1937년에 제정한 황국신민서사(皇國臣民誓詞)를 조선인들에게 암송하라 강요했고, 조선의 정신을 민족말살정책으로 길들여지고 있었다.

그러나 상당수 조선의 백성들은 동학농민혁명을 경험한 세대였고, 그런 혁명정신이 1919년 3.1혁명으로 이어졌기에 적어도 조선 민중은 근대적 사상을 품고 있었음에 틀림없다. 반면, 조선의 귀족(노론)이자 엘리트였던 이완용, 송병준 등은 외세의 권력을 이용하여 자신들의 권력을 이어가기 위해 나라를 팔았다.

조선의 귀족 매국노들이 추종한 일본제국은 사실상 근대국가가 아니라 메이지 유신을 따를 천왕중심 국가로서 백성들이 동학혁명으로 이루고자 했던 근대적 국가와 달랐다. 그들은 나라를 팔아먹더라도 귀족자리가 유지되는 계급구조가 뚜렷한 전근대적 왕권국가를 원했는지 모른다.

일본제국주의는 일왕 중심의 봉건산업 국가였다는 점에서 친일매국으로 살아온 자들은 민중이 가진 근대화 의식이 없었다고 할수 있다. 오히려 조선시대 노론부터 이어온 특권 의식을 유지하기위해 일본제국주의라는 산소 호흡기를 달고 살아 왔다고 할 수 있다.

일제강점기 조선일보 신년호에 표현된 제1면의 일왕에 대한 낯뜨거운 칭송은 당시 기자와 언론의 왕권국가 의식을 담고 있음을확인할 수 있다.

친일 매국을 통해 권력을 가진 세력들은 조선말부터 해방 이전까지는 왕권국가에 살고 있었다고 해석해야 한다. 이후 미군정을거치면서 형식적 근대화를 이루게 되었지만, 이승만 정권과 박정희전두환 정부 등 파시즘에 가까운 독재시대를 거쳤다. 그리고 최근우리는 손바닥에 왕(王)자를 쓰고 대통령이 된 자가 과거로 후퇴하는계엄령을 걸었던 아찔한 시간을 경험했다. 그를 추종하는 사람들의의식은 구태에 머물고 있음을 알 수 있다.

# 대한제국 혁명가 이상설 누구인가?

독립 운동가들은 독립과 함께 어떤 나라를 세워야 하는지에 대해 설계해야 하는 의무를 가졌다. 그들은 동학혁명을 겪었던 사람들이고 내면 깊이 새로운 혁명을 통한 독립 국가를 위한 의식 전환에 대한 생각을 했었다.

대한제국 관료 중에는 일본과 싸우기는커녕 조선을 불법적으로 넘겨준 이완용과 같은 매국노만 있지 않았다. 대한제국 의정부 참찬 이상설은 조선시대 문인으로 1905년 을사늑약 체결 당시 조약 체결 결사반대와 오적 처단을 주장하고 고종의 자결을 여러 차례 상소했으나 허사였다.

이상설은 을사늑약의 강제를 막지 못하자 관직을 버리고 을사늑약의 무효와 을사오적의 처단을 주장하며 자결을 시도하였다. 1905년 11월 30일 민영환의 순절 소식을 듣고 이상설은 종로 거리에 달려와서 통곡하며 연설했다. 연설을 마친 이상설은 땅에 머리를 부딪쳐 자결을 시도했으나 시민들에 의해 목숨을 구한다. 당시 백범도 같은 장소에서 사건을 목격했고 백범일지에 그날을 다음과 같이 기록했다.

"그이도 나랏일이 날로 잘못되어 감을 보고 의분을 못 이겨 자살하려던 것이었다."

이후 이상설은 연해주로 건너가서 국권회복운동에 투신하기로 결심하고 이동녕(李東寧) · 정순만(鄭淳萬) 등과 함께 중국으로 망명하여 상해, 블라디보스토크를 거쳐 북간도의 용정(龍井)에 들어갔다. 이상설은 1906년 8월 용정에 서전서숙을 설립하여 조선인 자녀를 받아들여 근대 학문을 가르쳤다. 서전평야에서 이름을 따와 서전 서숙이라 하였다.

이후 고종은 헤이그 만국평화회의 특사로 이상설을 불러 이준, 이위종과 함께 파견한다. 1907년 고종이 당시 감리교회의 지원을 받아 비밀리에 네덜란드 헤이그에서 열린 제2회 만국평화회의에 참가하기 위한 특사로 정사 이상설, 부사 이준, 통역관 이위종과 이들을 도울 호머 헐버트를 파견하였다.

고종이 표면상으로 헐버트를 파견한 것처럼 보이게 위장했기에 이준과 이상설, 이위종이 헤이그에 무사히 도착할 수 있었다. 헐버트는 프랑스와 러시아에 조선의 참여를 타진했지만 서구 제국주의 국가는 오히려 헐버트의 활동을 일본에 알렸다.

1907년 고종은 러시아 제국의 니콜라이 2세가 소집하는 제2회 만국평화회의에서 을사늑약이 대한제국 황제의 뜻에 반하여 일본 제국의 강압으로 이루어진 것임을 폭로하여 늑약을 파기하고자 했다. 그러나 프랑스, 러시아는 조선의 편이 아니었다. 결국 특사들은 공식 참석국가 명단에 있음에도 만국평화회의 회의장에 들어가지 못했다.

당시 유럽에는 자유언론 운동이 있어 기자들의 취재로 그들의 목소리가 여론으로 형성되었다. 그중 윌리엄 스테드에 의한 단독 인터뷰 "한국인의 호소"가 있다. 특사들은 인터뷰에서 을사조약은 기존 국제조약과 충돌되어 을사조약은 무효라고 연설하며 국제적 여론을 형성하고자 했다.

1907년 7월 14일 이준이 네델란드 헤이그 호텔에서 지병으로 죽고 난 후 이상설, 이위종은 영국, 프랑스, 이탈리아 등 유럽 각지를 돌며 조선 독립에 우호적 여론 형성을 위해 뛰었다. 이들의 활약에 위기를 느낀 이토 히로부미는 고종 퇴위 및 순종 즉위를 강행하고, 궐석 재판에서 이상설 사형, 이위종, 이준에 무기징역을 선고하게 했다. 이상설은 미국으로 넘어가 미국 대통령 루즈벨트에게 조미수호조약 책임을 묻고자 했다.

조미수호통상조약의 제1조 거중조항(상대국에 문제 발생시 상대국을 적극적으로 돕기로 함)이 있었지만 사실 미국은 일본과 카스라태프트 밀약을 체결하여 일본의 조선 침략을 묵인하기로 했다. 결국 루즈벨트 대통령을 만나지 못했지만, 미국에서 1년 동안 미국에 있는 교포를 대상으로 독립군 기지화를 했다. 이를 통해 미국 안창호와 연관된 공립협회가 주축이 되었고, 공립협회의 이재명 의사는 이완용 척살을 명동성당 앞에서 실행했다. 이완용은 수술로 목숨을 연명하긴 했지만 평생 후유증에 시달렸다.

이후 이상설과 이위종은 연해주로 이동해서 최재형, 이범윤의 의병활동을 지원하면서, 이범윤 쪽에서 활동했던 안중근 의사는 이토히로부미를 척살했다. 또한 이상설은 연해주 일대에서 최초의 독립군정부(대한광복군 정부)를 결성하고 무장투쟁을 위한 군대를 만들려고 노력했으나, 일본 눈치를 보던 러시아에 의해 해체되었다. 이후에도 1915년 상하이에서 박은식, 신규식, 조성환 등과 신한혁명당을 조직하여 본부장에 선임되었다.

이상설은 1917년 4월 1일, 망명지인 연해주 니콜리스크에서 병으로 임종을 맞이하며 구한말 관료에서 독립투사로의 파란만장한 삶을 마쳤다.

이위종은 헤이그 밀사로 활약하던 시절 이상설을 따라 프랑스·영국·미국을 순방한 다음 러시아로 돌아갔다. 이위종은 러시아 볼세비키 혁명군장교가 되었다. 블라디미르 세르게예비치 리(Влади мир Сергеевич Ли)로의 여생을 살았다고 한다. 일제강점기 독립운동가들은 교육을 중요하게 생각했고 이미 근대 시민국가 정신을 추구하는 혁명가들이었다.

많은 독립운동이 무장투쟁만이 아닌 교육, 역사, 문화 등 다양한 방면에서 이뤄졌다. 예를 들어, 우리가 소파 방정환을 어린이날을 만든 분으로 기억하지만, 그는 동학사상이 있었기에 어린이라는 말을 만들게 되었다. 조선어학회 사건이 있었듯 우리말과 글을 지키려는 투쟁도 있었다. 역사를 연구해온 단재 신채호 선생 등 지식인은 수많은 분야에서 우리의 역사를 지키기 위해 치열하게 싸웠다. 일제강점기는 수많은 혁명가들이 탄생한 독립전쟁을 통해 근대국가를 준비하던 시기였다.

# 부드러운 혁명가 여운형과 동지들

3.1혁명을 준비하고 임시정부를 만들었던 많은 혁명가들은 진보적 민족주의자들이라고 봐야 할 것이다. 3.1혁명을 이끌어낸 대표적 인물로 몽양 여운형 선생과 우리가 잘 아는 백범 김구 선생을 들 수 있다. 몽양 여운형 선생은 언론인이었고, 김구 선생은 황해도 해주 동학접주였고, 그와 함께 만해 한용운 선생, 삼산 김창숙 선생, 기독교, 불교, 천도교, 유교가 모두 한마음 한뜻으로 새롭게 독립한 국가를 꿈꾸는 투사이자 혁명가였다.

그중에서 비교적 덜 알려진 혁명가 여운형 선생에 대해 관심을 가져야 하는 이유는 그가 상해 임시정부를 만들게 된 계기를 마련했고 해방과 함께 건국준비위원회를 통한 실질적 해방을 이룬 인물이기 때문이다. 3.1혁명과 대한민국 임시정부는 우연하게 나타나지 않았다. 혁명에는 중심인물이 있었고, 당시 망명지 상해에는 청년 독립운동가이자 혁명가인 인물들이 활동하고 있었다.

그 활동은 여운형, 장덕수, 신석우, 김철, 선우혁 등이 주축이 된 매주 토요일 청년 모임에서 시작되었다. 몽양 여운형은 상해에서 조국독립을 위해 세계의 흐름을 면밀히 살피며 국제정세를 토론하는 모임을 가졌다.

민족자결주의를 말한 미국 윌슨대통령의 특사인 찰스R, 클레인이 상해에 온다는 소식을 듣고 그의 강연을 듣고 파리강화회의에 약소국 해방을 이야기할 기회라는 점에서 희망을 가지게 된다.

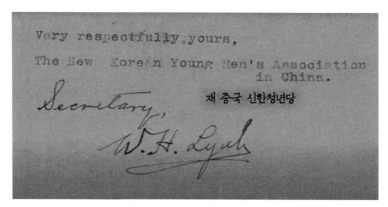

재 중국신한청년당 명의 월슨대통령에게 발송하는 편지

이후 특사에게 월슨대통령에게 주는 편지를 전달했고, 본격적 파리
강화회의에 대표단 파견을 준비한다.

파리강화회의는 1919년 제1차 세계대전이 마무리되면서 영토
확정 및 패전국 처리를 협의하는 승전국 잔치라고 할 수 있었다.
여운형은 식민지 조선을 대표하는 단체를 만들 필요가 있었다. 그
는 상하이를 통해 교류하던 터키청년당에 힌트를 얻어 신한청년당
이라는 이름을 만들고 미국 대통령 월슨에게 신한청년당이란 이름
으로 편지를 전달했다.

파리강화회의 시작에 맞춰서 승동교회 전도사 여운형은 같은
기독교인이면서 명망 있는 우사 김규식을 파리강화회의에 보내서
세계에 우리 독립의지를 알리려고 했다. 김규식은 파리강화회의에
외교적 활동을 하더라도 서구 열강들은 관심을 주지 않을 것임을
알고 있었고, 여운형에게 자신이 파리강화회의에 가는 동안 식민지

조선에서는 조선의 독립의지를 확인시켜줄 전국적 집회가 있어야한다고 했다. 몽양 여운형은 이를 바로 실행에 옮겼다.

신한청년당의 젊은 혁명가들은 재일본도쿄조선YMCA에도 있었다. 그들은 조선유학생 학우회 총회에서 2.8 독립선언서를 발표하게 했고, 일본심장부에서 봉기한 용기 있는 조선청년들 소식을 조선에 알리면서 3.1혁명이 전국적으로 일어나도록 준비했다.

먼저 여운형 선생의 활동 무대인 종로 승동교회와 김규식 선생의 YMCA를 중심으로 대각사 용성스님과 한용운 선생, 그리고, 천도교 손병희 선생은 함께 대규모 인민혁명을 준비하고 실행했다. 또한 유학자 김창숙 선생은 유교 지식인 137명이 파리강화회의에 제출하기 위해 작성한 '독립청원서'를 파리강화회의로 참석하는 김규식에게 전달하기 위해 상해로 갔고, 이로 인해 투옥되었다.

파리 강화회의에서 목소리를 내기 위해 신한청년당은 3.1혁명을 이루었고, 열강들에게 대표성을 갖기 위해서 그해 임시정부를 만들었다. 실패를 각오한 길이었지만 파리강화회의에 참석했던 김규식은 수많은 문서를 만들어 서구 열강들을 찾아가 조선의 독립을 설득하려고 했다.

서구 많은 나라들이 식민지를 가지고 있었던 상황에서 일제의 식민지 조선 해방은 자신들의 식민지를 해방시켜야 하는 논리가 되기에 조선 해방요구에 대한 서구 열강의 반응은 냉담했다.

비록 파리강화회의에서 약속받은 것은 없었지만 3.1혁명 이후 임시정부는 수많은 독립 운동가이자 혁명가들의 무장독립전쟁을 수행하는 주체였고 대한민국의 뿌리가 되었다. 혁명가 여운형은 3.1혁명 이후 일본제국주의가 회유를 목적으로 초대한 곳에 가면서도 당당했고, 동경 제국호텔 연설은 일본 사회를 뒤흔들었다.

## 동경 제국호텔 연설

내가 이번에 온 목적은 일본 당국자와 그 이 식자(識者)들을 만나 조선 독립운동의 진의를 말하고 일본 당국의 의견을 구하려고 하는 것이었다. 다행히 지금 각원(閣員)들과 식자 제군들과 간격 없이 의견을 교환하게 된 것은 유쾌하고 감사한 일이다. 나에게는 독립운동이 평생의 사업이다.

구주전란이 일어났을 때 나와 우리 조선이 독립국가로 대전에 참가치 못하고 동양 한 모퉁이에 쭈그리고 앉아 우두커니 방관만 하고 있는 것이 심히 유감스러웠다. 그러나 우리 한민족의 장래가 신세계 역사의 한 페이지를 차지할 시기가 반드시 오리라고 자신했다. 그러므로 나는 표연(飄然)히 고국을 떠나 상해에서 나그네로 있었다.

작년 1918년 11월에 대전이 끝나고 상해의 각 사원에는 평화의 종소리가 울리었다. 우리는 신의 사명이 머리 위에 내린 듯하였다. 그리하여 활동을 시작하였다. 먼저 동지 김규식을 파리에 보내고 3월 1일에는 내지(內地)에서 독립운동이 돌발하여 독립만세를 절규하였다. 곧 대한민족이 전부 각성하였다. 주린 자는 먹을 것을 찾고, 목마른 자는 마실 것을 찾는 것은 자기의 생존을 위한 인간 자연의 원리이다.

이것을 막을 자가 있겠는가! 일본인에게 생존권이 있다면 우리 한민족에게는 홀로 생존권이 없을 것인가! 일본인에게 생존권이 있다는 것은 한인이 긍정하는 바이요, 한인이 민족적 자각으로 자유와 평등을 요구하는 것은 신이 허락하는 바이다.

일본 정부는 이것을 방해할 무슨 권리가 있는가. 이제 세계는 약소민족 해방, 부인 해방, 노동자 해방 등 세계 개조를 부르짖고 있다. 이것은 일본을 포함한 세계적 운동이다. 조선의 독립운동은 세계의 대세요, 신의 뜻이요. 한민족의 각성이다.

새벽에 어느 집에서 닭이 울면 이웃집 닭이 따라 우는 것은, 다른 닭이 운다고 우는 것이 아니고 때가 와서 우는 것이다. 때가 와서 생존권이 양심적으로 발작된 것이 조선의 독립운동이다. 결코 민족자결주의에 도취한 것이 아니다. 신은 오직 평화와 행복을 우리에게 주려 한다. 과거의 약탈, 살육을 중지하고 세계를 개조하는 것이 신의 뜻이다.

세계를 개척하고 개조로 달려 나가 평화적 천지를 만드는 것이 우리 사명이다. 우리의 선조는 칼과 총으로 서로 죽였으나 이후로는 서로 붙들고 돕지 않으면 안 된다. 신은 세계의 장벽을 허락하지 않는다. 이때에 일본이 자유를 부르짖는 한인에게 순전히 자기 이익만을 가지고 한국 합병의 필요를 말했다.

첫째, '일본은 자기방위를 위하여 조선을 합병하지 않을 수 없다.'고 한다. 그러나 러시아 차제(此際)가 무너진 이상 그 이유가 성립되지 않는다. 조선이 독립한 후라야 동양이 참으로 단결할 수 있다. 실상 일본의 의도는 이익을 위했던 것이었을 뿐이다.

둘째, '조선은 독립을 유지할 실력이 없다.'고 한다. 우리는 과연 병력이 없다. 그러나 이제 한민족은 깨었다. 열화 같은 애국심이 이제 폭발하였다. 붉은 피와 생명으로써 조국의 독립에 이바지하려는 것을 무시할 수 있겠는가. 일본이 조선의 독립을 승인하면 조선에는 적이 없다. 서쪽 이웃인 중화민국은 확실히 조선과 친선할 것이다.

일본이 솔선하여 조선의 독립을 승인하는 날이면 조선은 마땅히 일본과 친선할 것이다. 우리의 건설국가는 인민이 주인이 되어 인민을 다스리는 국가일 것이다. 이 민주공화국은 대한 민족의 절대적 요구요. 세계 대세의 요구다.

평화란 것은 형식적 단결로는 성취하지 못한다. 이제 일본이 아무리 첩첩이구로 일중친선을 말하지만, 무슨 유익이 있는가. 오직 정신적 단결이 필요한 것이다. 우리 동양인이 이런 경우에 서로 반목하는 것이 복된 일인가? 조선 독립문제가 해결되면 중국문제도 용이하게 해결될 것이다. 일찍이 조선독립을 위하여 일청전쟁과 일로전쟁을 했다고 하는 일본이 그때의 성명을 무시하고 스스로 약속을 어겼으니, '한,화' 두 민족이 일본에 대해 원한을 품지 않을 수 있겠는가.

조선독립은 일본과 분리하는 듯하나 원한을 버리고 동일한 보조를 취하여 함께 나가고자 하는 것이니 진정한 합일(合一)이요, 동양 평화를 확보함이며 세계 평화를 유지하는 제일의 기초이다. 우리는 꼭 전쟁을 하여야 평화를 얻을 수 있는가? 싸우지 않고는 인류가 누릴 자유와 평화를 못 얻을 것인가?

일본 인사들은 깊이 생각하라. - 1919년 11월 27일 도쿄 제국호텔


여운형은 경성 한복판에서 신문사를 운용하기도 했다. 여운형은 신문 제호를 『조선중앙일보』로 바꾸어 1933년 3월 7일 발행했다. 일제강점기 베를린올림픽에서 손기정 선수가 마라톤에서 1등을 하면서 손기정은 월계수로 일장기를 가리려고 했다.

조선중앙일보는 1936년 8월 13일자 신문 4면에 손기정 선생의 마라톤 우승에 달고 나온 일장기를 지운 채로 보도했다. 이 사건으로

조선중앙일보는 폐간당해야 했다. 이때 조선중앙일보에 이어 동아일보가 받아썼지만, 동아일보가 주도한 것처럼 왜곡한다. 혁명가 여운형을 지우기 위한 목적이 아닌가 의심이 가는 점이다.

여운형은 상해임시정부를 태동하게 했고 상해임시정부 외무차장이자 혁명가로서 1945년 해방을 맞이하면서 해방 후 공간을 열었다. 여운형은 총독부 제안을 받아들이고, 8월 15일 오전 8시 정무총감 엔도(遠藤 柳作)와 만나 일본측이 요구한 자주적 국내 치안 유지와 일본인들의 안전한 귀환보장, 정치·경제범의 즉시 석방, 3개월간의 식량 보급, 치안유지와 건국사업에 대한 간섭 배제, 학생훈련과 청년조직에 대한 간섭 배제, 노동자와 농민을 건국사업에 조직, 동원하는 것에 대한 간섭 배제 등을 조건으로 협상을 타결했다.

여운형은 일본의 항복과 동시에 '건국준비위원회'를 발족시켰고, 8월 16일 오후 1시 서울 휘문중학교 교정에서 엔도와 회담경과 보고 연설회를 개최하면서 현재 안국동 공예박물관인 서울 풍문여자중학교를 건국준비위원회 사무소로서 건국준비사업 선전 공작과 치안 활동을 개시하며 해방 후 공간을 열었다.

그러나 1947년 7월 19일 중도 좌파 몽양 여운형, 중도 우파 김규식과 미군정의 지원을 받아 통일 정부를 수립하기 위한 좌우합작운동으로 바쁘게 다니던 시기였다.

2차 미소 공위가 재개되고 헌장이 만들어진 지 나흘 만에 여운형 선생은 서울 혜화동 로터리에서 한지근 등에 의해 암살당하고 만다.

버치보고서에는 여운형 암살 배후를 조사한 기록에는 다음과 같이 기록되었다. 암살자는 경찰 지소 앞을 암살 장소로 선택했다. 암살자들이 경찰 개입을 두려워하지 않았다는 것을 보여준다.

여운형 선생이 운영하던 조선중앙일보 건물(종로구 견지동 111번지에 위치)

"암살자 추격 중 경찰이 이를 막기도 했다, 그들은 암살자를 쫓지 않은 것으로 보였다. 경찰행정을 바꾸지 않는 한 여운형의 죽음에 대한 책임을 밝히지 못할 것이다. -경호원 인터뷰 1947.7.27 - 버치보고서"

경찰은 우익 반공청년단 암살범 한지근을 잡지 않고, 한지근을 잡으려 가던 여운형의 경호원을 체포했다. 정병준 저서 『1945년 해방직후사』에는 그동안 여운형 선생의 암살 배후에 대한 의문이

많았지만, 사료를 근거로 미군정과 우익정권 친일 세력에 의한 살해 가능성이 나왔다.

1945 해방 직후 청년모임 사업에서 연설 중인 여운형 선생
(사진출처 (사)몽양여운형선생기념사업회)

1947년 3월부터는 트루먼 독트린으로 냉전이 시작된다. 미소 냉전이 시작되는 시점이다 보니 미국은 중도 사회주의 성향조차도 용납하기 어려운 정국이 되었다. 심지어 미국 내에서도 1950년대 초반 매카시즘이 시작되면서 원자폭탄을 만든 오펜하이어는 공산주의자로 소환당해 1954년 심문을 받아야 했다.

해방 정국 좌우익 대립흐름 속에서 남한 내에서 영향력을 펼치기 어려웠던 여운형의 상황이 결국 그를 죽음으로 몰아간 것 아닌가 싶다. 남북한 분단 체제를 막으려다 좌절된 혁명가 여운형의 동경

제국호텔에서의 외침은 패권주의로 이어진 미국, 소련과 오늘날
우리 인류에게 다음과 같이 질문하고 있다.

"우리는 꼭 전쟁을 하여야 평화를 얻을 수 있는가?
싸우지 않고는 인류가 누릴 자유와 평화를
못 얻을 것인가"

## 사업으로 끝까지 항일 하리라

우리는 북촌과 익선동 주변을 다녀보면서 볼 수 있는 한옥을 과거 조선시대 한옥으로 알고 있지만, 실제는 일제강점기에 만들어진 한옥이다. 정세권 선생은 조선 최초의 디벨로퍼에 의한 계획화된 한옥 단지를 만들었고 오늘날까지 북촌, 익선동 등지에서 보는 한옥은 모두 정세권 선생의 개발사업 유산이다.

정세권 선생은 이완용 등 친일파가 만든 문화주택이 인기를 얻어 모든 한옥이 파괴되고 있을 때 이를 막기 위해 한옥을 만들어 분양했다. 일제 강점기 이완용은 일본식과 서양식이 섞인 형태의 문화주택을 만드는 부동산업자가 되었다. 이완용 등 친일개발업자들이 기존 한옥을 없애고 전통을 사라지게 만들어가는 것을 본 정세권 선생은 우리 전통을 이어가는 한옥주택 개발사업을 실행한 것이다.

그는 기존 넓은 한옥을 사들여서 여러 채 표준화된 한옥으로 나누어 분양해 큰 성공을 거두게 된다. 이로서 청계천 이북인 익선동, 북촌, 서촌 등지에 한옥이 남아 있게 된 계기가 되었다. 정세권 선생은 조선어학회 학자들에게 한옥으로 만든 회관을 만들어 줬을 만큼 누구보다 독립정신을 가진 기업가였다. 정세권 선생의 한옥은 민족 저항의 상징이었다.

익선동을 다니면서 멋진 한옥을 본다면 근대적 부동산 개발업의 시작을 한 디벨로퍼 정세권 선생이 우리의 얼을 이어가고자 저항하고 노력한 모습으로 기억할 수 있다.

비록 식민지 조국이었지만 정세권 선생은 청계천 이북에 일본식 문화주택이 아닌 한옥 주거지라는 자존심을 지키기 위해 기존 큰 규모의 한옥을 사들여서 작은 한옥으로 분양사업을 하며 한옥을 지키고 활성화했다. 기존 규모가 큰 한옥을 고집하지 않고 분양하기 좋은 구조와 규모로 만들면서 한옥의 건축 방식 및 유통 방식의 창조적 혁신을 한 것이다. 근대적 부동산 사업을 해오며 전통적 관행을 파괴했지만 새로운 구조를 만들어 왔다. 그러면서도 우리 전통적 가치를 이어나가려 했다. 한옥을 통해서 민족적 자존심을 지켜나가려 했던 그의 의지를 볼 수 있는 곳으로 조선어학회 건물(서울 종로구 화동 129-1번지)이 있다.

오늘날 익선동과 북촌의 한옥들은 일제 강점기에 만들어진 저항의 상징이었던 것이다.

우리가 조금만 더 관심을 가지고 일제강점기 상공업 발전 과정을 보면 우리 정체성을 지키려는 저항의 증거들을 찾아볼 수 있다.

얼마 전 가족들과 서울 공예박물관을 들린 적이 있다. 그곳에서 조선의 공예인들이 일제강점기에 오히려 전통을 지키고 연구해오는 작업을 통해 우리의 전통공예를 이어

조선어학회터 서울 종로구 화동 129-1번지

온 노력을 볼 수 있었다. 오늘날 우리의 정체성을 지켜온 근본에는 문화로써 저항해 왔던 분들이 있었음을 기억해야 한다.

## 민본주의 한글은 혁명세포

세종대왕은 한글이라는 정보 코드 개발자로서 오늘날 소통을 위한 정보체계를 설계하셨다. 정보통신업계에서 보는 한글의 본질적 특성은 정보를 유통하는 기계들의 소통 구조처럼 과학적이고 체계적인 프로토콜처럼 정교하다.

개인용 컴퓨터 보급 시기부터 일찍 이루어진 한글 전산화는 정보통신 발전에 큰 몫을 해왔다. 한글은 세종 시절 이후 제대로 활용되지 못하다 일제강점기 주시경 선생과 헐버트박사에 의해 빛을 보게 되었다.

조선시대에는 왜 그 좋은 한글이 쓰이지 못했는가에 대해 우리는 반면교사로 삼아야만 한다. 당시 최만리 등 집현전 학자는 한글이 쉽게 대중에게 확산될 수 있어 한자를 통해 정보 독점하던 권력에 위협이 될 수 있다는 두려움으로 확산을 반대했다고 볼 수 있다. 그래서 조선 내내 한글은 아녀자나 쓰는 하찮은 글이라는 푸대접을 받았다.

일제강점기 서구 계몽주의 사상에 의해 지식인들은 정보소통의 중요성을 알게 되었고, 그중에서 한글의 가치를 알아본 이는 다름 아닌 호머 헐버트 선교사였다.

호머 헐버트 선교사는 배재학당에서 한글을 가르쳤고, 여기서 주시경 선생을 만난다. 호머 헐버트는 고종의 특사로 헤이그에 가서 활동한 분으로 당시 조선에 대한 애정이 깊었다.

주시경 선생과 호머 헐버트 선교사에 의해 효율적인 한글 구조가 완성되었다. 호머 헐버트는 한글의 문법 체계와 띄어쓰기에 영향을 줬고, 주시경 선생은 한국어 음운론 및 토박이말로 학술용어를 쓰는 것을 시도했다. 토박이말을 기반으로 새로운 용어를 만들고 활용하는 흐름이 백기완 선생님, 이대로 선생 등이 진행하는 한글학자들의 흐름이다. 오늘날 북코리아에서 쓰이는 풀어쓰는 순 우리식 한글 활용법에 영향을 받았다고 할 수 있다.

영화 말모이를 보면 전국의 방언을 모으는 사전을 만들어 가는 장면이 감동적이다. 이처럼 사전 만드는 작업을 하다가 일제의 탄압을 받는다. 조선어학회사건이다. 조선의 유산인 한글을 복원하여 대중의 의식을 높이기 위한 계몽활동은 독립운동이라고 할 수 있으며 이들은 모두 근대화 혁명가들이라고 볼 수 있다.

서구의 근대화 과정에도 문자 혁명이 있었다. 금속활자로 성경이 대량으로 확산되었고, 셰익스피어의 등장으로 영어의 표준화가 이뤄졌고, 당대에 대항해 시대를 거치면서 새로운 의미의 단어가 만들어졌다. 문명의 발전과 언어는 불가분의 관계이다. 한국사회가 해방 후 박정희 정권의 한글전용으로 산업화 흐름에 한글이 큰 역할을 했던 점은 부인하기 어렵다.

이후 한국의 정치, 경제, 사회 등 큰 변화의 원인은 한글이 정보통신과 결합되며 대중의 소통 방식이 수평적으로 전환되면서 민주주의 발전에도 기여했다.

한글을 설계했던 세종대왕의 천재성분 아니라 조선의 통치철학이었던 민본주의를 한글을 통해 확인할 수 있다. 시민에게 주권이 있는 민주주의는 아닐지라도 조선시대는 제왕이 백성을 위해 베풀어야 하는 민본주의 시대였다. 따라서 세종은 민본주의 가치를 가장 잘 수행한 왕이었다고 할 수 있다. 그래서 오늘도 우리는 광화문 광장에서 그를 만나고 존경을 품고 있다.

## 나는 저항한다! 고로 존재한다

한국의 수구들은 자유민주주의를 말하면서 독재전체주의를 추구한다. 사실 민주주의는 왕정과 대립되는 제도로서 이데올로기가 아니다. 그런데 이들에겐 엘리트기득권이 권력을 사유화할 자유를 추구한다.

조지오웰 소설 『1984』 속 빅브라더식 이중언어 표현처럼 "자유는 예속"이다. 대중에게 자유는 예속이고, 자유는 권력자에게만 주어진다는 의미다.

명동에는 1971년도에 시작된 카페 '가무'가 있다. 그러나 원래 이름은 '까뮈'였다고 한다.

"나는 저항한다. 고로 존재한다"라는 실존주의 철학자 겸 소설가 알베르 까뮈의 저항하는 인간의 본질은 저항할 자유이기도 하다. 당시 한글사용 하자는 움직임에 의해 '까뮈'는 '가무'로 바뀌었다. 또 한편으로 드는 생각은 독재정권이 싫어할 개인이 저항할 자유를 말한 철학자 이름이기에 숨긴 것 아닌가 생각도 들었다.

저항할 자유는 진보적 가치의 표상이었다. 따라서 미국에서는 진보주의자들의 가치를 자유주의(liberalism)와 리버럴(liberal)로 표현한다. 따라서, 자유민주주의의 본래 뜻은 독재에 저항할 자유를 가진 시민들이 만든 민주 공화정 사회이다.

그러나 수구세력은 식민지 극우의 관점에서 진영논리로 자유민주주의를 받아들였다. 진영논리로 본다면 미국편이면 선(善)이고 반대편은 악(惡)이란 논리가 성립된다. 수구세력들의 이념 지향성은 강자의 본질이 아닌 표피만 숭상하는 경향이 있다.

2차 대전 시절부터 남태평양의 뉴기니 인근에서 발생한 컬트 종교형태를 닮았다. 일명 '화물신앙(貨物信仰, cargo cult)으로 불시착한 후 미군과 화물기를 신앙의 대상으로 삼았다. '자유'가 떠오른다면 프랑스 혁명과정 속 카페에서 차를 마시며 자유를 꿈꾸었던 혁명가들처럼 명동 '가무'에서 유럽식 비엔나커피를 마시며, 왕정을 무너뜨린 사람들을 떠올리자.


## 배트맨 김상옥 천명과 전투하다

배트맨 영화에서 보면 돈 많은 부자 상속자가 밤에는 배트맨이 되어 종횡무진 하늘을 날아 다니며 악당과 싸우는 것을 보면서 카타르시스를 느낀다. 코리아에 배트맨이 있었다. 일제강점기 경성과 만주 벌판에 싸우던 독립전쟁영웅이자 청년 기업인 김상옥 의사를 기억하자.

경성 종로경찰서를 폭파시키고 쌍권총으로 건물을 뛰어 다니면서 일본 경찰 1,000명과 싸우고 마지막 한발로 스스로에게 겨눈 이야기가 있다. 일본 경찰들도 그의 날렵함과 종횡무진 하는 것을 인정하니 일제강점기 독립전쟁 영화 소재로 쓰이게 되었다.

김상옥은 의열단원이자 1922년 대한임정 군무부 행정관으로 임명된 후, 항일 활동을 위해 1923년 1월 12일 종로경찰서에 폭탄을 투척해 일본 경찰과 매일신보사 직원 10여 명에게 부상을 입혔다.

사건 이후 그는 일본 경찰의 추적을 피해 도망치다가 사이토 총독을 암살하려고 서울역 근처에서 잠복했으나, 종로경찰서 무장 경찰 20여 명에게 포위되었다. 김상옥은 총격전을 벌이며 그는 1,000여 명의 일본군경에게 포위당해 민가 지붕을 뛰어 다니며 총격전을 벌이며 도주하면서 그가 살던 집(효제동 73번지)에서 마지

김상옥 의사께서 생을 마감한 장소를 알려 주시는
외손자 김세원 선생님

막 자신에게 총을 쏘고 생을 마감했다.

김상옥 의사 동상은 혜화동 마로니에 공원에 위치하고 있으며 그는 한때 사업가로서 창신동에서 영덕철물상회에서 말발굽을 만들어 성공했다. 한 때 종업원만 50명에 가까울 정도로 컸으니 사업적 수완도 좋았다. 일제강점기 시절에 단발령에 의해 머리카락이 잘린 사람들에게 도움을 줄 수 있는 말총 모자를 선보였고 이 역시 큰 사업적 성공을 했다. 김상옥 의사는 겉으로는 사업가였지만 복면을 하고 스스로 경성 레지스탕스가 되었다.

당시 쌍권총으로 종횡무진 날아다니다 보니 그는 식민지 조선 민중에게는 신출귀몰하는 배트맨 같은 존재였다.

또 그는 총구에 남은 마지막 총알을 스스로에게 향함으로서 절대 적에게 잡히지 않는 의지를 보이며 마지막 순간까지도 영웅의 모습으로 남고자 했다.

## 아이언맨 최운산 시베리아 열차에 오르다

한국인들은 해외에서는 자신의 역량을 잘 발휘하지만, 국내에서는 억압과 착취구조에 의해 자신의 역량을 발휘하지 못하는 경우가 많다. 오늘날 우리사회에도 남아있는 억압된 착취구조는 과거 일제강점기부터 이어온 수직적 억압과 착취구조에 의한 영향이었다.

1894년부터 1897년 까지 4차례 조선을 방문한 이사벨라 비숍

(Isabella Bird Bishop)여사는 영국왕립 지리학회소속으로 조선에 대한 인물과 풍경 이야기는 매우 흥미롭다.

이사벨라 비숍은 조선인을 착취하는 계층과 착취당하는 계층으로 봤다. 그녀는 착취하는 계층은 허가 받은 흡혈귀 양반계층 관리들이고, 후자는 전체인구의 4/5를 차지하고 있는 하층민이라고 썼다. 하층민이 존재하는 이유는 흡혈귀에게 피를 공급하는 것이다.

그러나 굶주림 속에서 한반도를 탈출했던 조선인이 역경을 이겨내고 러시아 연해주에 정착촌을 가꿔가는 걸 관찰한 비숍 여사는 조선인의 다른 모습도 기록했다. 조선인의 상부상조 정신과 교육열, 자율성에 감복했다고 기록한다.

비숍 여사는 조선에 호기심과 애정을 갖게 되어 본격적으로 서울과 조선 곳곳의 풍경을 직접 사진으로 남기어 오늘날 『한국과 그 이웃 나라들(Korea and Her Neighbours)』이라는 저서로 남겼다.

가운데 최운산 장군 1922년 1월 모스크바 극동민족대회에서

일제의 영향을 적게 받았을 간도에서 독립전쟁을 위한 자금을 축적하면서 봉오동 전투와 같은 치열한 전투가 있었다. 그래서 일제의 잔인한 보복학살도 겪어

야 했던 간도는 일제에 치열하게 저항한 땅이었다.

봉오동 전투 배경에는 기업가 최운산 선생이 있었다. 최운산 선생은 1885년 동간도 지역 관리책임자의 아들로 태어나, 형 최진동, 동생 최치흥과 함께 1908년 중국군 보위단에 군관으로 입대했다.

그는 동삼성 지역에서 부산의 약 6배 정도 되는 광대한 황무지를 헐값에 불하받았다. 최운산의 목장에서 키운 소들은 최소 300~400마리 단위로 훈춘을 거쳐 연해주로 팔려 나갔다. 콩기름공장, 국수공장, 성냥공장, 비누공장 등 생필품 공장을 운영하며 소련군에 납품하면서 북만주 제1의 거부가 되었다.

그렇게 벌어들인 자본으로 동간도의 지리적 요충지인 봉오동 골짜기에 신한촌과 독립군 기지를 건설하고 무장 독립군대를 양성해 국내 진공작전 기회를 노렸다.

독립군 기지를 봉오동에 1912년 세웠고, 1919년 대한민국 임시정부가 수립되자 670명의 자위부대를 대한군무도독부로 재편성해 참모장으로 활동했다.

1920년에는 독립군 부대 통합을 주도해 북로군정서, 대한독립군 등 여러 독립군 단체를 통합해 대한북로독군부를 창설했다. 영화 속 아이언맨은 부유한 군산복합체의 대표로서 온갖 첨단무기를 통해 악당과 싸운다. 그런데 봉오동 전투의 숨은 영웅 최운산 장군 역시 아이언맨의 토니스타크처럼 당시 첨단무기로 전투를 이끌었다. 최운산은 군자금 5만 원을 마련해 독립군의 무기, 식량 등을 공급했고, 체코군으로부터 최신 무기를 구입해 독립군의 무장 강화를 지원했다. 봉오동 전투는 독립전쟁을 위한 철저한 준비 덕분에 일본군을 대상으로 큰 승리를 거두었다.

최운산 장군이 해방 후 오늘날 군수산업체를 운영했다면 한국 사회 주류 흐름은 어떻게 바뀌었을까? 해방 후 자본가들이 탐욕스러운 이유는 독립전쟁을 하며 인민들과 아픔을 함께한 적 없이 친일자본 세력에서 시작하여 역사의식이 없기 때문이었다.

# 5. 흑화된 이데올로기와 맞짱 뜨다

프랑스혁명 공화정 체제가 나오는 과정은 험난했다. 혁명을 통해 새로운 탈바꿈을 한 나라들은 왕정을 무너트린 근대국가라는 공감대가 있었다.

왕이 없는 제도를 도입한 프랑스, 미국, 러시아는 형식적 측면에서 근대화를 이룬 공화정 국가들이지만 그들 간에도 체제 경쟁이 나타났다. 자본주의, 사회주의, 공산주의 등 다양한 체제로 분화했다.

그러나 한반도의 남과 북 분단과 갈등은 공화정을 이루어 전쟁에서 승리한 산업국가들 간 체제경쟁이 만든 희생양이다. 우리는 남과 북으로 나눠져서 타국이 만든 이데올로기의 제물이 되어야 할까? 이제 우리 남과 북은 저들의 이데올로기에서 자유로워야 한다.

우리민족이 패권 국가들이 만든 싸움닭처럼 서로 적대적 관계가 된 것은 비극이 아닐 수 없다.

그런 비극적 현실은 매번 극우 정권만 되면 남과 북은 긴장관계를 올려 내부결속을 시켜서 지지율을 올리려는 선택을 한다. 극우 정권은 언제나 외부의 적을 만들어 어쩔 수 없이 권력이 유지되는 구조를 만들려고 한다. 따라서 극우가 추구하는 남북 갈등의 심화는 패권주의의 제물이 되더라도 권력을 유지하려 한다. 과거 이완용 및 을사오적이 일본의 제물이 되더라도 권력을 유지하려던 속성과 동일하다.

한국사회 종북이란 혐오 이데올로기가 확산된 이유는 미국의 종교와 패권주의와도 관련이 있다. 이데올로기 갈등의 또 다른 측면은 돈과 연결되면서부터이다. 미국 트루먼 대통령은 공산주의 확산을 저지하기 위해 트루먼독트린(1947년 3월 12일)에 자유와 독립을 유지하는 국가들을 지원하겠다는 내용을 담았다.

경제적 지원을 받기 위해 필사적으로 도입한 매카시즘은 남과 북의 극단적 대립관계와 동포 간 전쟁을 통한 분단을 현재까지 이어가는 데 악용되고 있다.

## 범죄화된 이데올로기가 지나온 흔적

우리 사회는 공산주의에 대한 이해가 부족하다. 학교에서는 공산주의를 무조건적인 악으로 배웠고, 분단된 한반도에서 북은 공산주의 체제에 매몰되었고 남은 매카시즘의 영향을 강하게 받았다. 분단 체제의 이데올로기로 강화한 억압적 현실은 남과 북 사회를 통제와 억압의 구조로 만들었다.

반면, 서구 사회는 공산주의를 과거 근대화를 이루기 위한 혁명적 선택지로 바라본다. 공산주의는 분배 중심의 사회주의 국가 형태를 실험하려 했다는 점에서 중요한 의미를 가진다. 1848년, 산업화가 진행되던 유럽에서 노동자 착취와 부의 격차가 심화되었고, 칼 마르크스는 이를 해결하기 위한 프롤레타리아 혁명과 계급 없는 사회를 위한 혁명을 제시했다. 마르크스와 엥겔스는 '공산당 선언'을 통해 자본주의 사회의 기본 모순으로 경제체제 멸망, 그리고 사회주의와 공산주의의 승리를 주장했다.

유물론은 만물의 근원을 물질로 보고, 정신 현상도 물질의 산물로 본다. 서구 사회의 근대화 과정에서 신의 권위를 벗어나 이성의 영역으로 진입한 시대 철학이다. 공산당 선언은 프롤레타리아 혁명과 계급 없는 사회를 위한 행동을 촉구하며, 러시아와 동유럽, 남미의 사회주의 운동에 중요한 이론적 기초를 제공했다.

칼 마르크스 - 프리드리히 엥겔스(1848년 2월)
공산당 선언 (The Communist Manifesto) 서두
유령, 즉 공산주의의 유령이 유럽을 떠돌고 있다. 교황과 차르, 메테르니히와 기조, 프랑스 급진파와 독일 경찰 등 옛 유럽의 모든 세력이 힘

을 합쳐 이 유령에 맞서 싸웠다. 집권 반대자들로부터 공산주의라고 비난받지 않을 야당이 어디에 있으며, 선진 야당과 반동적 반대자들에게 공산주의 낙인을 뒤집어씌우지 않을 야당이 어디 있겠는가?

공산주의는 국가 통제를 통한 분배를 실험하려 했고, 이는 산업 사회에서 나타난 제도 개혁의 일환이었다. 1917년의 10월 발생한 볼셰비키 혁명(러시아어: Великая Октябрьская социалистическая революция)은 블라디미르 레닌이 이끄는 볼셰비키가 주도한 세계 최초의 공산주의 혁명이었다.

산업화와 사회 변화가 급속히 일어났던 러시아에서, 제1차 세계대전 후 빈곤과 불만이 폭발해 혁명 에너지가 분출되었다. 볼셰비키는 이를 기반으로 강력한 지도력과 사회 변혁을 약속하며 대중의 지지를 받았다. 그러나 공산주의 체제는 전체주의적 특성을 띠었고, 이는 조지 오웰의 『동물농장』에서 비판적으로 다뤄졌다.

아담 스미스의 『국부론』과 마르크스의 『자본론』은 각각 시장의 자유와 노동자 착취 문제를 다룬 이론으로, 두 이론 모두 시대만 다를 뿐 그 시대 대중들에게 맞춘 해법을 제공한 것이다. 그러나 한국 사회에는 여전히 매카시즘의 영향이 강하게 남아 있으며, 해방 후 분단 시점부터 미국의 영향을 받아 왔다. 그 속에서 『자본론』은 금지도서였고, 공산주의는 전면적으로 금지된 사상이었다.

"공산 전체주의"라는 용어는 냉전 시기 미국에서 사용되었으며,

이는 과거의 이념적 대립을 반영한 표현이다. 1980년대 이후에는 이데올로기 대립보다는 경제적 패권 경쟁의 차원에서 미국과 중국 간의 관계가 이루어져 왔다. 특히, 중국은 덩샤오핑의 개혁개방을 통해 시장 경제로 전환했으며, 이는 중국만이 아니라 세계 경제에 중요한 영향을 미쳤다.

오늘날 매카시즘 이데올로기를 주장하며 반국가세력 처단을 외치는 사람들의 모습에서 우리는 과거 서북청년단을 떠올리게 되는 동시에 독일 나치(Nazi) 를 본다. 계엄 발동 이전에도 윤석열 정부는 평소에도 종북 세력 척결 및 공산전체주의 같은 용어를 동원해 대중을 갈라치기했다.

실패한 12.3 내란 설계자 노상원의 수첩에는 수많은 사람들을 수거해서 학살하려던 계획이 있었다. 매카시즘 역시 나치가 유태인을 학살하듯 공산주의자들을 대했고 공산주의와 무관하게 구체제를 개혁하려는 이들도 공산주의자로 몰아세웠다. 나치 이데올로기는 패전국 독일의 이데올로기로 지금은 금지되었다. 그러나 승전국 미국의 이데올로기인 매카시즘은 2차대전 이후 지금까지 남아있다. 두 이데올로기는 과거 제국주의 냉전시대의 쌍둥이로서 폭력과 전쟁을 동반하는 전체주의 이데올로기이다. 따라서 폭력을 조장하는 매카시즘은 나치즘처럼 금지시켜야 한다.

## 휴먼네트워크 혁명의 유전자

일제강점기 한반도의 독립의지는 매우 강렬했다. 계속되는 독립 전쟁이 있었고 근대화된 임시정부 수립 등 한민족은 위기 시에도 더욱 독립운동을 했다.

파리강화회의 파견된 김규식은 숙소근처에서 프랑스 식민지였던 베트남 독립운동을 하는 청년 호치민과 교류를 했다. 호치민은 조선의 독립혁명에 관심을 가졌다. 김규식과 호치민은 동학혁명에 대한 이야기도 나누었다.

김규식과 호치민은 민족의 아픔을 극복하려고 노력하며 독립을 꿈꾸던 혁명가들이었기 때문이다. 호치민은 결국 베트남 해방을 하는 주역이 되고 베트남 민족 영웅이 되었다.

베트남 전쟁의 참혹상

초등학생이었던 1980년대에 학교에서 미국과 베트남 전쟁에 한국군의 참여는 자유주의를 지키는 전쟁이라는 이념주입식 교육을 받으면서도 무언가 자연스럽지 않다고 생각한 적이 있다.

68 혁명에서 나온 호치민

텔레비전이 확산되어 전쟁 소식을 화면으로 볼 수 있게 된 1968년 유럽사회의 젊은이들에게 베트남 전쟁의 참혹한 실상은 충격이었다.

전쟁의 참혹함을 본 유럽과 미국의 젊은이들은 미국이 정의로운 국가가 아니라는 생각을 하게 되었고, 반제국주의 운동이 68 혁명의 한 흐름이 되었다.

그런 대표적 장면으로 파리의 청년들은 식민지였던 베트남의 영웅인 호치민 사진을 들고 행진했다. 파리의 68 혁명에서는 과거 식민지 제국주의를 일으켰던 기성세대에 대한 비판이 있었다.

동학혁명 정신이 3.1혁명의 정신으로 이어졌고, 중국 5.4운동을 비롯해 동남아에까지 확대되어 베트남 민족해방을 가져왔고, 유럽 젊은이들에게 영향을 주었다.

2024년 12월 코리아 주니어들은 계엄령에 맞서며 로제의 아파트에 맞추어 세계와 공감하며 횃불이 아닌 민주 응원봉을 들고 시위에 참여한다. 스타를 위한 응원봉은 민주주의를 위한 혁명의 응원봉이기도 했던 것이다. 이것이 문명의 교류이고 인류양심의 흐름이다.

# 넥스트모던

## 산업근육사회 ~ 인공지능시대

후기근대화 시대는 근대에 대한 비판적 수용 측면을 지닌 시대로 볼 수 있다. 근대는 합리적 이성이 바탕이었지만 생산성을 높이려고 인간의 노동력을 극대화하다 보니 인간을 도구화했다. 인간에 대한 차별과 계급화 된 구조에 대한 비판의식이 1968년 68 혁명을 통해 본격적 사회 구조를 전환하는 방향으로 진행되었다.

1968년 유럽사회는 차별화된 구조를 깨고 다양성을 받아들이는 노력으로 산업사회와 패권주의 관념에 대한 비판의식이 문화운동 흐름으로 발전한다. 인간성 회복하고자 하는 68 혁명으로 대표되는 변화는 차별 없는 교육 및 분권화된 정치제도 전환과 같은 실질적 변화를 이루었다.

# 1. 사랑이 세계를 바꾼다.

　'프랑스는 베트남을 해방시켜야 한다' '우리 의식 속의 경찰을 없애자' '모든 상상력을 해방하자' '불가능한 것을 요구하자'.

　1968년 5월 프랑스의 젊은이들이 프랑스 전역을 뒤흔든 68 혁명의 구호인데, 그들이 본 기성세대가 베트남을 식민지화는 전쟁을 동조했다면 젊은이들은 베트남 입장에서 생각하고 그들의 해방을 외쳤다. 거기서 더 나아가 기성세대의 전체주의적 폭력성을 거부하는 사회전반 저항운동으로 확대했다.

　그러나 이 시기 서구사회는 역설적이게도 경제적으로 매우 풍요로운 시대였다. 그런 세대가 과거 체제에 대한 거부하며 만든 혁명이 68 혁명이다. 과거에 비해 노동계급이 성장함에 따라 중산층이 늘어난 시점에서 부모 세대에 비해 자유로운 청년들은 좀 더 다른 생각을 할 여유가 있었다. 오늘날 한국의 운동권 세대와 응원봉을 든 세대의 환경적 차이와도 비슷했다고 할 수 있겠다.

실제로 소스타인 베블런(영어: Thorstein Veblen, 1857년 7월 30일 - 1929년 8월 3일)의 유한계급론에서는 "가난한 사람은 시간적 여유가 없으며, 권력자를 동경하다보니 보수적이 되고, 생각할 여유가 있는 유산계급은 오히려 진보적이 될 수 있다"는 이론을 발표했다. 68년 부유한 젊은 세대는 생각할 여유가 있어 진보적 가치를 가졌던 것으로 보인다.

파리 68 혁명의 전개는 파리 낭테르 대학(현재 파리10대학)이 "여자기숙사를 개방하라!"를 슬로건으로 내걸고 학내집회를 가짐으로 시작되었다. 이 사건은 완고하고 보수적인 학교와 사회분위기로 그 시대 젊은이들을 억눌러온 힘이 무너지는 계기가 되었다. 학생들과의 대립으로 학교를 일시 폐쇄하자 이에 항의하여 소르본 대학생들이 5월 3일 광장으로 나온 것을 기점으로 노동자의 시위도 커졌고 6월 들어서는 베를린과 로마 등 유럽과 세계로 급속히 확산되었다.

미국에서는 베트남전쟁 반대에 더해 인종차별에 저항하는 사회운동으로 확대되었다. 유럽은 집단주의, 전체주의 체계에 대한 비판의식이 1968년부터 나타나 들불처럼 번진다. 일본에까지 영향을 미쳐서 도쿄, 오사카 등 주요 대학에서 점거 투쟁이 벌어졌고 미군기지도 습격당했고 과격한 폭력으로 이어졌다가 소멸했다.

하지만, 한국은 68 혁명을 꿈꿀 수 없는 군부 출신 독재자 박정희가 대통령이었던 전체주의 국가였다. 그러나 서구사회는 이 시절에 차별받지 않을 평등, 여성해방, 인권과 공동체주의, 생태주의와 같은 진보적인 가치들이 대부분 사회의 주된 가치로 자리매김하게 된다.

이때 프랑스는 대학교 평준화가 이루어지고 오늘날 이야기하는 파리 1, 2, 3.. 등 대학 이름조차 평등한 구조를 만들었고 독일처럼 누구나 입학이 가능하고, 교육받을 권리 즉 무상교육에 가까운 제도가 만들어졌고, 정치제도에서 시민참여가 더욱 보장되었다. 68 혁명을 통해 집권을 하거나 즉각적 변화를 이루지는 못했지만, 그 영향은 이후 제도 변화를 견인했다.

68 혁명세대는 새로운 산업을 만들어낸 세대이기도 하다. 실리콘밸리 대표하는 애플 및 더 바디샵 등 여러 기업의 시작이 1968년 혁명 시대정신의 영향을 받았다.


"이제껏 세계적 혁명은 단 둘뿐이었다. 하나는 1848년 프랑스 대혁명과 또 하나는 1968년 파리에서 일어났다.

둘 다 실패로 끝난 것으로 보이지만 세계를 뒤흔들어 놓았다."

- 이매뉴얼 모리스 월러스틴(Immanuel Maurice Wallerstein,
  1930년 9월 28일 ~ 2019년 8월 31일)

미국의 사회학자이자 역사학자 이매뉴얼 모리스의 해석에서 서구

사회에서 68 혁명이 차지하는 역사성을 알 수 있으며, 서구사회가 패권 질서를 넘어선 새로운 동력으로 오늘날 세계를 이끄는 현실은 그냥 우연하게 이뤄진 것이 아님을 알 수 있다.

혁명이란 거대한 에너지의 집합이고, 혁명의 에너지는 시대와 사회를 바꾸는 동력으로 발전한다. 1848년 프랑스 대혁명으로 시민들이 왕과 귀족 권력시대를 막을 내리자 좀 더 혁명적인 상공인 부르주아 계층이 시대의 주역이 되었다. 이들은 시민들의 자유를 통해 소수 기득권이 아닌 대중이 기회를 가질 수 있는 사회를 꿈꾸었고, 그런 시대를 열게 한 사상적 기반인 칸트의 인식론과 실존주의 같은 철학이 있었기에 미신과 종교 같은 비합리성을 걷어내고 이성적 사고를 기반으로 제도를 새롭게 만들 수 있었다.

반면, 근대화는 정복과 탐욕을 주체하지 못하고 제국주의 구조를 따라 야만적 약탈 구조를 만들었다. 이 시기에 전체주의적 제도와 관행에 대해 1968년 젊은이들이 나서 거부한 것이 68 혁명이다. 그들은 근대화로 인한 야만성을 거부했고 인간성 회복과 다양성을 추구했다. 그에 따른 인식변화를 기반으로 사회는 제도의 변화를 이루게 되었다.

그래서 서구사회에서는 프랑스 대혁명을 통해 왕권국가를 넘어선 공화정 사회부터 1986년 혁명 이전까지를 근대화 시기라고 하며 인간에 대한 고려 없이 생산성을 증대시킨 사회를 근대라고 한다. 이 시기 두 차례 세계 대전을 통해 인간성이 말살되는 것을 역사 속에서 확인할 수 있었다.

반면, 서구사회는 1968년 이후를 후기근대화 사회(포스트모던)라고 정의하며 인간과 자연에 대한 고려가 된 사회로서 근대와는 구별되는 완전히 다른 시대로 구분한다. 한편, 1894년 조선말 우리의 동학혁명은 근대화와 후기근대화를 포괄한 사상이라고 할 수 있다.

예컨대 "사람이 곧 하늘"이라는 사상은 독일의 헌법 사상인 "인간의 존엄성은 건드릴 수 없다"와 같은 인간 존엄의 절대성을 추구한다. 이에 따른 평등한 교육과 기회 균등을 위한 제도를 만들어야 한다. 인간 존엄 사상을 기반으로 유럽사회는 교육시스템을 변화시킨다. 교육 차별을 없애기 위해 누구나 대학교에 입학할 수 있는 구조를 만들고 등록금 없는 무상교육제도를 실현하고 있다.

즉 인간이 기본적으로 살아가는데 필요한 의료, 주거, 교육에 대한 국가의 보장을 복지 차원에서 이뤄진다고 한다.

이처럼 제도는 철학구조의 기반에서 만들어져야 한다. 한국사회의 기존 제도 가운데 상당수가 식민지 통치 및 관리를 위한 목적에서 시작되었음을 인식하고, 인간중심 철학을 기반으로 새롭게 제도를 바꾸고 전환하려는 노력이 필요하다.

# 제국의 아이들 1968년 저항하다

서구사회의 근대화란 봉건 농경 사회에서 공업 중심 소비사회로 전환하며 시장을 키우게 된 개념이라고 할 수 있다. 소비시장이 중요한 근대 산업사회로 넘어가는 과정이자 세습화된 왕과 귀족 계급이 아닌 생산력을 가진 새로운 권력이 주도하는 공화정 제도로 전환하는 과정이기도 했다.

서구사회의 근대화는 생산과 소비를 위한 약탈경제를 강화했다. 특히 산업생산을 위해 반드시 필요한 자원을 확보하고 생산품을 소비하기 위한 시장이 확대하기 위해 식민지를 개척하며 성장해 나갔다.

이 과정이 반복되고 극대화된 서구사회는 1차, 2차 세계 대전 이라는 큰 전쟁을 마치고 난 후 경제 발전을 이루게 되었다. 과학 기술과 자원에 대한 약탈과정에서 전쟁은 하나의 산업이 되었고, 누군가는 전쟁으로 죽어가지만 강대국은 무기를 공급하며 오히려 돈을 벌어들이는 죽음의 생태계가 형성되었다.

한국전쟁, 베트남전쟁 등 아시아는 혼란스러울 때에도 서구사 회는 내부적으로는 자본의 황금기를 맞이했다.

또한 케인스 복지 국민국가(Keynesian welfare national state) 정 책으로 일정한 주권적 영토(national territory) 내에서 자본을 통제 하며 산업투자를 확대해 완전고용을 도모하고, 재정 및 사회복지 지출을 확대하여 경기를 활성화하고, 중산층 확대를 통한 수요를 창출함으로써 미국을 중심으로 서구사회는 유례없는 호황을 누리며 자본을 축적했다.

또한 경제적 풍요로운 환경에서 자라난 서구사회 중산층 2세들은 부를 축적한 권위주의 성향의 부모세대와는 다른 생각을 하게 되었다. 태어나면서부터 윤택한 삶을 살았던 2세들은 그들 부모세대가 가진 매우 가부장적 권위주의와 전쟁 경제를 비판하며 성장했다. 서구사회 젊은이들은 마치 약속이라도 한 것처럼 1968년 5월 프랑스 혁명을 비롯하여 미국 등 서구사회 전반으로 퍼져나갔다. 그들은 "모든 금지를 금지하라"는 구호를 통해 권위주의 시대를 청산하였다.

이 시절 미국 젊은이들은 히피문화, 베트남 전쟁 반대 운동과 같은 모든 금지에 대한 저항을 모토로 하며 차별을 타파했다. 이런 흐름은 환경운동, 여성운동, 등 과거 식민지 전쟁에 대한 비판으로 이어졌다.

서구사회 기성세대는 기성세대와 이질적인 그들의 모습이 곱게 보이지 않았을 것이다. 그러나 68 혁명 세대는 오늘날 실리콘밸리 애플 등 IT 공룡기업들을 이루었고 그들 세대문화를 가진 새로운 자본계층으로 등극했다. 오늘날 이들은 ESG 경영과 같은 흐름을 만들어 내며 또 다른 형태의 세계 질서를 만들었다.

1968년은 근대화시대와 후기근대화시대 즉 포스트모더니즘시대를 구분하는 시대라고 할 수 있다.

WAR
IS
OVER!

IF YOU WANT IT

Love and Peace from John & Yoko

전쟁
은
끝났다!

당신이 원한다면

존과 요코의 사랑과 평화

1960 년대, 존 레넌 뉴욕시 반전 포스터 문구

## 먹고사니즘이 대통령이다

소스타인 베블런은 1899년의 저서 『유한계급론 : The Theory of the Leisure Class, The Theory of the Leisure Class: An Economic Study of Institutions』에서 유한계급(여유 있는 계층)의 특성을 분석하며, 이들이 보수적이고 기존 제도를 선호한다고 주장했다. 유한계급은 세상을 변화시킬 필요를 느끼지 않으며, 과시적 소비와 기득권을 유지하려는 경향이 있다. 베블런은 가난한 계층도 먹고 살기에 바쁘기 때문 현 체제에 적응하려는 경향이 있어 보수화된다고 보았다. 이와 관련해 1968년 혁명은 젊은이들은 생각할 여유가 있었기에 기존 사회 구조에 반기를 든 사례로 해석할 수 있다.

정치적 무관심을 유도하려는 기득권층의 전략은 여전히 작동하며 언론의 왜곡 보도와 정치적 왜곡은 이를 뒷받침한다. 베블런의 이론은 극우 집회에 여유가 없는 노인들이 참여하는 현상에서도 확인할 수 있다.

베블런은 불로소득에 주목하고, 금전적 직업 종사자들이 생산 과정에 기생하는 구조를 비판했다. 그는 제도 변화가 기술 발전보다 늦을 때, 제도와 기술 간 충돌이 심화된다고 보았다.

한국 사회에서 여전히 기득권이 유지되며 재벌 2세나 권력자들이 특혜를 누리는 현실을 베블런의 이론을 통해 설명할 수 있다. 자본과 사법 권력이 결합하여 견제당하지 않고 왜곡된 자본질서를 만들어 내는 불로소득이 만연하다. 대표적으로 대통령 영부인 김건희 씨의 주가조작이 명백해도 무혐의를 만드는 권력을 보면서 누가 자신의 돈을 한국 주식시장에 투자하겠나?

건전한 자본주의 시장경제를 위한다면 불로소득은 용납해서는 안 된다. 세상이 진보하기 위해서는 노력하면 먹고 살 수 있어야 한다. 그래야 생각을 할 여유도 생기고, 지속가능한 사회구조가 가능하다.

## 빅브라더가 내려오다

애플의 창업자 스티브 잡스는 한때 히피족이었을 만큼 68 혁명의 영향을 받은 사람이다.

즉 전체주의적 사고관을 비판하는 세대라는 것을 알 수 있다. 전체주의 시대는 대중에 대한 선전선동을 위해 길들여진 미디어와 사법 권력이 주요한 힘이다.

애플의 1984년도 광고에서 빅브라더를 파괴하는 장면 속 수많은 세뇌된 대중이 상징하는 것은 성찰하지 못하는 대중이다. 빅브라더 세상을 무너트리기 위한 광고 속 여전사처럼 빅브라더의 심장에 해머를 던져야 한다.

68 혁명시대 젊은이들의 구호는 전체주의 시대를 종식하기 위한 빅브라더에게 던지는 거대한 해머들이었다.


"금지하는 것을 금지하라!"

"상상력에게 모든 권력을!"

"지루함이야말로 반혁명이다."

"도망쳐라, 동지여. 낡은 세계가 너를 뒤쫓고 있다.

"정치 투쟁의 최전선은 내 안에 있다"

"혁명적 사고란 없다. 오직 혁명적 행동만이 있을 뿐."

## 2. 파리 학생들 서열을 부정하다.

68 혁명은 유럽 여러 나라에서 다양한 제도 전환을 촉진했는데, 각 나라별로 68 혁명이 영향을 미친 분야는 교육, 정치, 노동 분야의 시민 참여와 기회를 확대하는 방향으로 발전되었다. 68 혁명은 권위적인 문화를 반대하고 모든 분야에서 수직적이고 서열 위주 사회구조를 타파하는 운동으로 전개되었다.

### 금지하는 것을 금지한다.

프랑스 학교에서 남자 기숙사는 여학생이 출입할 수 있으나, 여자 기숙사에는 남학생 출입을 금지시키는 것은 불평등하다며 시작된 소소하지만 대중성을 지닌 집회는 '사랑할 수 있는 자유'를 명분으로 급속히 확산되었다. 수구적이고 과거 전통적 기독교 사회에 대한 비판의식도 존재했다. 서구사회가 개방적으로 된 계기는 68 혁명의 영향력이라고 할 수 있다.

이전 세대의 권위주의와 사회구조를 비판하는 목소리였다. 이는 실제로 제도 전환을 이루었다. 각 나라의 68 혁명정신은 새로운 테제와 구호와 요구 사항을 통해 사회적, 정치적 변화를 촉구했다. 구호들은 당시 젊은이들의 열망과 사회를 향한 비판적 목소리로 세상을 변화시켰고 오늘날까지도 그 정신이 이어지고 있다.

"Il est interdit d'interdire"(금지하는 것을 금지한다)

68혁명의 영향은 영국에서 성 평등과 인종 차별 반대 운동을 강화하며 성 평등법과 인종 평등법 등의 사회 개혁을 이끌었다. 네덜란드에서는 환경 운동과 사회 개혁을 촉진해 환경 보호 법안이 통과되고 진보적 사회 정책이 시행되었다.

# 대학 서열문화 이젠 안녕

프랑스가 68 혁명 이후 프랑스는 대학 제도를 대대적으로 개혁했다. 파리 대학교들의 평준화가 그것이다. 대학의 자율성과 학생들의 참여가 확대되었고, 새로운 대안 대학이 설립되어 더 많은 교육기회가 제공되었다.

대학 서열 파괴 흐름은 68 혁명 이후 유럽사회 전반에 영향을 미쳤다. 서독 역시 교육 개혁을 추진하여 비판적 사고와 민주주의 교육을 중시하는 방향으로 변화했다. 또한 대학 내 자율성과 민주적 운영이 강화되었다.

영국도 학생들의 참여가 확대되었고 대학 입학의 기회가 더 많이 주어졌다. 대학 입학 구조에서 나타나는 서열을 철폐하고자 했고, 대학 내에서는 비판적 사고를 키우고 68 혁명 이전의 서열화를 강조하던 전체주의 탈피를 목표로 교육전환과 제도전환이 이뤄졌다.

안타깝게도 한국사회 민주화는 제도전환을 하지 못한 결과로 인해 여전히 근대, 전근대 제도가 유지되고 있다.

따라서, 한국사회는 서구사회 68 혁명이 가져온 근본적 변화를 주목해야 하고, 이제껏 이루지 못한 대학 서열화를 철폐하고, 경제 여유가 없어도 누구나 언제든 학습기회를 가질 수 있는 교육혁명이 이뤄져야 한다.

## 정치의 목적은 자유다

독일의 변화도 주목할 만하다. 기성세대의 권위주의적 정치 문화를 비판하고, 보다 개방적이고 참여적인 정치 문화가 형성되었다. 이는 독일의 사회민주당(SPD)과 녹색당의 성장에 기여했다.

이탈리아도 좌파 정당과 사회 운동의 영향력이 커졌으며 노동자와 학생들의 정치 참여가 확대되었다. 이는 이후 정치적 변화를 촉진하는 데 중요한 역할을 했다. 네덜란드는 시민의 정치참여와 시민사회의 역할이 강화되어 정치적 투명성과 민주적 참여가 확대되며 네덜란드의 복지 국가 모델을 강화하게 되었다.

68 혁명은 유럽사회에서 프랑코 독재 정권 하의 스페인에는 직접적인 영향을 미치지 않았으나, 1970년대 후반 민주화로의 이행에 기여했다. 또한, 체코슬로바키아에서 정치적 자유화를 시도한 프라하의 봄(1968년)이 있었다. 비록 소비에트 바르샤바군의 개입으로 실패했지만, 이후 체코와 슬로바키아의 민주화 운동과 1989년 벨벳혁명에 큰 영향을 미쳤다. 오늘날 체코의 수도인 프라하를 여행하는 사람들은 벨벳혁명의 상징적 공간인 바츨라프 광장과 존레논벽 처럼 68 혁명을 상징하는 흔적들을 만날 수 있다.

가족과 체코 프라하에 둘렀는데 때마침 바츨라프 광장에는 프라하에 진주한 바르샤바군에게 저항한 역사를 기억하는 전시행사와 공연이 있었다. 기념 공연에서는 1968년 8월 21일 소련 탱크에 맞섰던 민중의 투쟁역사를 주제로 하는 락밴드 공연 이었다. 과거 저항의 역사를 기억하는 체코인들의 모습이 인상 깊었고, 동구권 까지 영향을 끼친 68 혁명을 이해하는 계기가 되었다.

바출라프 공장에서 열린 프라하의 봄 행사 (2017년 8월 22일)
"꿈이 무너지지 않도록 꿈이 회색으로 변하지 않게 해주세요. 1968"

## 노동자 권리강화

프랑스 68 혁명으로 5~6월 총파업과 협상 끝에 그르넬 협정 (Accords de Granelle)이 체결되어 노동자 임금 인상과 노동 조건 개선이 이루어졌으며 노동조합의 영향력이 강화된다.

이후 이탈리아와 영국, 스페인 노동자의 권리와 노동 환경 개선을 위한 목소리를 높이는 계기가 되었고 노동권과 민주, 복지를 강화하는 흐름을 띠게 된다. 노동자의 권리와 사회 복지 강화라는 측면에서 노동조합 활동이 합법화되고 노동자의 권익이 보호된다.

# 산업구조에서 바라본 68 혁명

68 혁명이 시대전환을 촉진하며 현대 유럽의 민주주의와 사회 구조에 깊은 영향을 미쳤지만 이 혁명이 모든 나라에 영향을 미친 것은 아니다. 일본에도 68 혁명이 영향으로 전공투(全共鬪ぜんきょうとう, 젠쿄토) 및 적군파 흐름이 있었지만 지속되지 못했다. 남은 소수는 극단적으로 투쟁하다 소멸하면서 일본의 정치적 흐름은 오히려 극우적 사회로 변화되어 아쉬움이 크다.

전 세계에 영향을 미쳤던 68 혁명은 산업화 시대의 비인간적인 노동 구조를 비판하며, 인간을 기계처럼 취급하는 문제에 대한 의문을 제기했다. 찰리 채플린의 모던 타임즈는 이런 문제를 다루었고, 수직적 구조를 깨고 분권화된 민주적 구조를 만들어 갔다.

독일의 4차 산업 전환 및 노동 4.0 개념은 분권화된 구조 속에서 노동자이 자율적으로 높은 성과를 낼 수 있도록 만든다.

반면, 한국의 경우 기술자는 여전히 낮은 계급으로 취급되거나 도구처럼 여겨진다. 그러다 보니 상위 의사결정자에 기술자가 올라가지 못한다. 한국사회 뿌리 깊은 계급 인식이 발전을 가로막는 것이다. 이로 인해 소프트웨어와 IT 경쟁력이 떨어진다.

또 다른 사례를 본다면, 한국인이 해외기업 및 연구기관에서는 성과를 내면서도 우리나라 수직적 조직에서는 그만큼 성과를 내지 못한다. 결국 개인의 자율성이 극대화되어 조직의 성과로 이어지는 변화가 필요하다.

# 세상을 바꾼 미친 사람들

혁명은 변화를 촉발하며, 이를 경험한 젊은 세대가 경제의 중심축이 되었다. 비즈니스 세계에도 영향이 미쳤다. 대표적으로 스티브 잡스는 68 혁명 정신이 영향을 받아 혁신적인 제품과 기업 문화를 만들어냈다. 아이폰의 탄생은 충격이었고, 애플의 생태계와 소프트웨어 강점 덕분에 시장을 선도하게 되었다. 세상을 바꿀 수 있다고 믿을 만큼 미친 사람들이 결국 세상을 바꾼다고 믿는 스티브 잡스는 혁신을 했고, 많은 사람들은 제품에 담긴 문화적 배경을 찬양한다. 기업운영에서도 히피적 전통을 이어간 팀쿡 역시 기업의 철학에 친환경 정책을 반영했다.

더 바디 샵의 창업자 애니타 로딕은 환경 보호와 사회적 책임을 기업 철학에 반영하며 성장했다. 파타고니아의 CEO 이본 쉬나드는 '슬로우 패션'과 환경 보호를 위한 광고로 유명하다. 경제 이론가 제레미 리프킨은 기업이 사회적, 환경적 책임을 지어야 한다고 주장하며 기후위기 문제에서도 지속 가능한 기업의 사회적 책임을 강조했다.

이들은 사회적 책임, 환경 보호, 지속 가능성, 창의성, 혁신을 중시하는 기업 문화와 경영 철학을 형성하며 오늘날 ESG(환경, 사회, 거버넌스) 경영 흐름을 이끌어왔다. 한편으로 서구 사회는 ESG와 같은 변화를 글로벌 거래표준으로 만들며 또 다른 형태의 기술 장벽 혹은 패권으로 작동하게 하고 있다.

## 애플정신과 실리콘밸리의 플랫폼

애플 아이폰을 처음 접했을 때 큰 충격을 받았고, 스티브 잡스의 삶을 추적하면서 68 혁명 정신을 더 이해하게 되었다. 스티브 잡스의 정신은 '언더독 정신(비주류 정신)'에 기반을 두고 있으며, 이는 비주류에게 나타나는 역동성이다.

스티브 잡스는 가난한 농부 가정에서 입양되어 자라났고, 히피족으로 인도에서 수행하기도 했다. 그가 만든 광고 카피 "Think Different"는 직원들이 자신의 정체성을 잃어버린 상황에서 그들에게 자신을 다시 찾으라고 촉구하는 메시지다.

이 광고는 "세상을 바꿀 수 있다고 믿을 만큼 미친 사람들이 결국 세상을 바꾸는 사람들이다".("The people who are crazy enough to think they can change the world are the ones who do")이라는 문구로, 사회의 규칙을 거부하고 혁신을 추구하는 사람들을 찬양하며, 그들이 세상을 변화시켰다는 점을 강조한다. 스티브 잡스는 이 광고 아이디어를 보며 눈물을 흘렸다. 광고 속에는 68 혁명 세대의 저항 정신과 기득권에 대한 도전이 담아냈다.

애플의 창업자 스티브 잡스는 한때 히피족이었다. 그래서 애플 아이폰은 히피 시절 경험한 잡지인 홀어스카타로그(WEC: Whole Earth Catalog)특징이 남아있다. 히피들은 그들의 잡지를 각자의 삶의 방식을 올리고 교류하는 수단으로 활용했는데, 애플의 앱스토어 및 팟캐스트는 이런 특징을 가지고 있다. 또한, 애플 배경 화면 속

지구 이미지는 잡지 표지를 모방했다.

스티브잡스의 1984년 맥킨토시 광고에서 빅 브라더를 파괴하는 광고 장면이 상징하는 것처럼 스티브잡스는 정보 독점이 아닌 시대를 꿈꿨다. 결국 개인 모두가 스마트폰을 통해 정보생산 주체가 될 수 있도록 했다. 여론지형이 기존 방송과 같은 일방향이 아닌 소셜 네트워크를 통해 목소리를 낼 수 있는 환경에는 정보기술 발전이 큰 몫을 했다. 과거 1980년 광주5.18 민주화운동시절과 달리 이번 12.3 내란에 의한 불법계엄령, 그리고 폭도들에 의한 서부지법 폭력난입 사태를 우리는 생생하게 현장을 보며 진실을 판단할 수 있게 되었다.

1984년 맥킨토시 TV광고와 지면광고

# 3. 문화는 시대를 담고

11시 MBC FM 라디오 이종환의 밤의 디스크 쇼 등 라디오 심야 방송을 통해 세계음악의 시그널 음악인 '안녕 귀여운 내 사랑(Adieu, Jolie Candy)'은 1968년 프랑스 장프랑소아 마이클의 음악 배경으로 80~90년대 살아가던 우리에게 미지의 세계가 있음을 직감하게 했다.

배경음악이 만들어지던 시대인 1968년은 정치적, 사회적 운동에 그치지 않고, 문화적 변화를 촉발했다. 이 시기에 예술가, 특히 가수들이 혁명적 정신을 담은 작품들을 발표하여 희망의 운동을 지지하고 영감을 주었다. 이런 음악과 문화는 한국사회 문화계에 직·간접적인 영향을 주었고 대중문화로서 큰 역할을 했다.

어쿠스틱음악인 김민기 '아침이슬'은 한국사회 곳곳에서 불리었고, 광주 민주화운동 이야기를 담은 '임을 위한 행진곡'은 이제 한국을 벗어나 세계 민주화 운동이 일어나는 곳에서도 불리어 진다.

히피 문화는 평화, 사랑, 반전, 자유를 추구하는 운동으로, 권위주의와 물질주의에 대한 저항의 성격을 띠고 있었다.

비틀즈의 "Imagine(상상해봐요)", "All You Need Is Love(당신에게 필요한 것은 사랑뿐)", "Revolution(혁명)"과 제퍼슨 에어플레인의 "White Rabbit(하얀토끼)" 등은 당시 사회적 변화를 표현하는 대표적 노래다.

1960년대 미국 사회는 자유주의를 표방하면서도, 전체주의적 특성이 강한 산업 국가였고, 매카시즘과 인종 차별 문제로 많은 이들이 억압되었다. 흑인 인권 운동을 이끌었던 마틴 루터 킹은 '나에게는 꿈이 있다'는 연설을 통해 인종 평등을 주장하며 민권법 제정에 영향을 주었다.

블랙 파워 운동은 흑인 스스로의 자결과 독립적인 가치관을 주도하는 운동으로 발전했다. 제임스 브라운의 "크게 외쳐 – 난 흑인이고 자랑스러워(Say It Loud – I'm Black and I'm Proud)"는 블랙파워 운동의 일환으로 인권운동의 근자감으로 확대되었다.

# 사랑은 영원으로 사는 축복

1968년 혁명 세대의 삶과 사랑은 민권운동과 반전운동을 대표하는 인물들 간의 문화적 연결을 통해 나타났다. 존바에스는 민권운동의 상징적 인물로, 밥딜런과 연애하며 서로의 경력에 영향을 준다. 밥딜런은 저항적인 가사가 담긴 "시대는 변하고 있다.(The Times They Are A-Changin)"과 같은 곡을 통해 큰 영향을 끼쳤고 그는 2016년 노벨문학상을 받는다.

히피문화는 자유, 대항문화, 반전 등을 특징으로 하며, 전통적 기독교 가치관에 대해 신경질적으로 거부했다. 한국에서도 미8군 무대 출신 가수들과 함께 히피문화가 유입되었고, 신중현, 김추자, 김정미 등은 미국 히피 문화의 영향을 받았다. 그 중 김정미는 재니스 조플린의 영향을 받아 활동했으나 음반판매 금지와 검열이 심했다. 제임스 조플린과 지미 핸드릭스는 1960년대 음악의 대표적인 아이콘이었다. 롤링스톤즈와 비틀즈는 당시의 반전, 히피 문화 운동을 대표하는 밴드였으며, 롤링스톤즈의 "Street Fighting Man"은 68 혁명의 정신을 담고 있었다. 또한 미국에서는 군사작전 반대 시위에서 학살 사건이 발생했고, 이를 주제로 크로스비 스틸스 내시영은 "Ohio"를 발표했다. 이 음악들은 68 혁명의 정신과 문화를 담았다. 한국에서도 이시기 장발, 미니스커트 등의 문화가 유행했지만 박정희 정권의 억압을 받았고, 베트남전쟁 참전 등 병영국가로서 생각이 자유롭지 못했다.

# 4. 문학의 빛이 열리다

    1968년 혁명은 사회, 정치, 문화의 변화를 반영하며, 젊은이들의 열망과 저항 정신을 표현한 문학 작품들이 가열차게 등장한 시기였다. 이 시기의 문학은 혁명적 사고와 개인의 자유를 강조하며, 기존 체제에 대한 비판을 담고 있다. 정치적 글쓰기는 위험하지만, 시대정신을 이어가는 지식인이라면 이를 표현하는 것이 의무라는 주장도 있었다. 한국 사회에서는 지식인들이 현실정치에 대해 용기를 내는데 주저함이 있었지만 이를 거스르는 결단도 시작되었다.

    유럽 사회에서 68 혁명에 영향을 미친 두 가지 주요 철학 사조는 실존주의와 구조주의였다. 실존주의는 감성의 회복과 산업화를 겪으면서 인간성 상실을 경험한 시대에서 개인의 자유와 선택을 강조하는 철학이다.

프랑스 철학자 장폴 사르트르는 실존주의의 대표적인 인물로, 그의 작품의 핵심은 개인의 자유다.

반면, 구조주의는 개인보다는 보편적 구조에 의한 결정론을 강조하는 철학이다. 구조주의는 언어학에서 시작되어 사회과학과 인문학에 큰 영향을 미쳤으며, 개인과 문화의 의미는 그들이 속한 구조에서 비롯된다고 주장한다. 이후 68 혁명과 함께 철학은 구조주의에서 탈구조주의로 변화하며, 정치적 변동과 권력 분산에 대한 관심이 커졌다.

사르트르는 한국의 민청학련 사건과 관련하여 연대의 의미를 지닌 인물로, 김지하 시인이 국가보안법으로 체포되었을 때 석방 호소문에 서명했다. 비록 서구 혁명과 철학의 흐름에서 고립되어 있었지만, 한국은 시와 문학을 통해 철학적 사상을 공유하며 변화를 이끌어갔다.

## 68 시대 문학

68 혁명의 본질적 의미를 마지막으로 짧게 정리해 본다면 과거 근대화 과정에서 이룬 식민지 약탈과 생산성을 높이기 위해 만든 수직적 구조와 권위적 계급구조에 대한 해체를 꾀한 혁명이라고 할 수 있다. 그리고 무너트린 구조위에 수평적이고 다양성을 포용하는 문화로 전환된 의미를 가지고 있다.

한강 작가의 소설 '소년이 온다', '작별하지 않는다'는 한국현대 비극을 담은 소설이지만 생명존중이라는 인류정신으로 담아냈기 때문 노벨문학상을 받은 것이다.

1968년 시대흐름을 담은 독일, 영국, 미국의 문학작품들은 그 시대의 고뇌가 담겨있다. 독일, 귄터 그라스(Günter Grass) - 『넙치(Der Butt)』는 독일 사회의 역사의식과 정치적 변화를 다루며 당시의 사회적 갈등을 반영했다.

미국, 잭 케루악(Jack Kerouac) - 『온 더 로드(On the Road)』는 비록 1950년대 작품이지만, 케루악의 온 더 로드는 히피 운동과 반문화 운동에 큰 영향을 미친 책들이다.

미국, 켄 키지(Ken Kesey) - 『뻐꾸기 둥지 위로 날아간 새(One Flew Over the Cuckoo's Nest)』라는 켄 키지의 소설은 권위에 대한 저항과 개인의 자유를 강조하며, 68 혁명 정신을 반영했다. 체코, 프라하의 봄으로 알려진 체코슬로바키아 역시 68 혁명의 영향을 받은 국가이다. 밀란 쿤데라(Milan Kundera)의 『참을 수 없는 존재의 가벼움(The Unbearable Lightness of Being)』이란 쿤데라의 소설은 프라하의 봄과 그 이후의 정치적 억압을 배경으로, 개인과 권력의 관계를 탐구한다.

1968년 이후 전 세계는 새로운 시대를 열어가는 저항문학과 음악을 통해 혁명의 정신과 사회적 변화를 다양한 방식으로 반영하며, 그 시대의 젊은이들과 이후 세대들에게 중요한 영감을 주었고, 그 시대 젊은이들이 문화는 이제 주류가 되어 사회의 중심이 되었다.

# 5. 명동 문학의 고향

문학은 시대를 이끌어가는 사람들의 정신을 대표한다. 정보통신이 발전하지 않았던 과거, 문학적 활동은 특정 장소에서 이루어졌으며, 이곳들은 사람들이 모여 교류하고 활동하며 지역의 문화를 형성하는 중요한 공간이었다. 예를 들면, 프랑스 파리의 몽마르트르 언덕, 뉴욕의 그리니치 빌리지, 영국 런던의 웨스트엔드, 독일 하이델베르크 등 각국의 예술가들이 살아온 흔적을 잘 보존하고 그들의 삶의 흔적을 지켜오고 있다. 한국에도 이런 문화적 장소가 있었다. 바로 명동이다. 일제강점기, 민족분단 전쟁 등 어둡고 암울했던 기간 명동은 문학이 피어난 장소였다.

해방 이전과 이후, 그리고 전쟁을 겪은 후 명동의 문학인들의 모습을 살펴보면 한국 문화의 흐름을 이해하는 데 큰 도움이 된다.

시대별로 대표적인 문학이 표현을 통해 그 시대 사람들의 가치를 표현했다. 문학인의 삶과 그의 작품에는 고뇌가 담겨 있다.

문학인들은 그들의 삶 역시 우리에게 작품의 연속인지 모른다. 그리고 그들의 삶에서 보이는 과제가 어쩌면 현재 우리가 해결해야 숙제들인지 모른다. 길 위의 인문학으로 함께 걸어가면서 과거 문학인들이 다니던 종로와 명동 거리를 다니며 발견했던 이야기를 나누고자 한다.

## 청계천 좌우 종로, 명동 보헤미안들

프랑스혁명에서 좌익은 급진 개혁파, 우익은 온건 개혁파였다. 모두 혁명세력으로 속도만 차이 있을 뿐 모두 세상 변화를 꿈꾸던 사람들이었다. 일제강점기 시대에도 비록 식민지이지만 급진적 사회변화로 독립을 꿈꾸던 이들이 있었다.

그리고, 사회주의 계열의 중도 좌파 여운형 선생은 남한사회에서 가장 존경받는 인물이었고, 사회주의 계열의 독립운동이 더욱 활발했기에 해방전후 시대 식민지 경험한 많은 이들의 경우 사회주의를 더욱 동경했다.

계동 현대건설 옆 한옥카페 어니언은 1934년 무렵 지어진 집으로, 독립 운동가이자 의정부 참정대신 한규설의 손자인 한학수 (1907~1992)가 살던 곳이다. 한학수는 일제강점기 동안 사업을 통해 큰 자산을 형성했으며, 이를 바탕으로 교육과 사회사업에 헌신하며

보신각 옆에 위치한 과거 사상계, 문학동맹 터(한청빌딩), 해방후 건국준비위원회 사무실

문영학원을 설립해 서울여상과 문영여중고를 세웠다.

그는 조부의 애국정신을 계승하며 독립운동에도 참여했으며, 그의 집은 독립 운동가들의 비밀 아지트로 사용되었다.

1935년, 한학수는 종로 4거리에 한청빌딩을 완공했다. 현재 종로 2가 초입(보신각 옆, 종로 2가 102-3)이며, 화신백화점(현 종로타워) 맞은편에 자리 잡은 6층 건물 한청빌딩 건축은 조선 최초의 건축사이자 당대 최고 건축가였던 박길룡이 맡았다. 한청빌딩은 그의 성(韓)과 청춘(靑)을 결합한 이름으로 8·15 해방 직후 임화 등 좌익 문학인들의 터전 '문학동맹'도 그곳에 있었다.

이곳에서는 원로작가 김병기와 이쾌대가 예술의 시대정신을 논의했고, 민족주의와 사회민주주의의 결합을 모색하는 다양한 지식인과 예술가들이 모였다. 이후 한청빌딩은 연세대학교 재단으로 넘어가면서 4층이 장준하에게 제공되었고, 1953년 이곳에서 군사 독재와 유신시대를 비판한 '사상계'가 탄생한다.

장준하가 만든 사상계(思想界)는 1953년 4월에 창간하여 통일 문제, 노동자 문제 등 당시 공산주의자로 몰릴 수 있는 논쟁부터 시, 소설 등의 문학작품까지 폭넓은 분야의 글들이 실렸다.

'사상계'는 독재 군사정권 아래에서도 지식인과 문인들의 저항과 비판의 공론장으로 자리 잡았다. 특히 엄혹하던 시절에도 등불처럼 시대정신을 이끌던 그 시대 지식인들의 양심이라고 할 수 있다.

사상계에 실린 1958년 함석헌의 기고문 '생각하는 백성이라야 산다'는 국가보안법 위반으로 논란이 되었고, 1959년 '백지 권두언 사건'과 1970년 김지하의 풍자시 '오적' 사건으로 편집진이 연행 되고 잡지가 폐간되기에 이르렀다. 그럼에도 '사상계'는 독자들로 부터 큰 호응을 얻으며 지식과 저항의 허브였다.

한학수는 좌우 이념 갈등 속에서도 경계선에 서서 독립운동, 청년 예술가 지원, 사회민주주의 정치관 실천 등 폭넓은 활동을 이어갔다.

종로에서 그리 멀지 않은 명동은 1940년대 일제 강점기 명동은 본정통(本町通, 혼마치토오리)이라 불리는 곳으로 많은 문예인들이 교 류하는 장이었다.

6.25 전쟁을 겪으며 월북한 문인들을 뒤로하고 명동은 전쟁의 폐허 안에서도 꿈과 낭만을 잃지 않기 위해 문인들이 모여 들었던

일제강점기 1911년 경성 번화가의 대명사인 본정통(本町通, 혼마치토오리)

곳이기도 하다. 동방살롱, 모나리자 다방, 문예 살롱, 갈채 다방, 은성, 유명옥 등에서 예술가들은 서로의 상처를 달래며 명동에 위치한 이곳에서 만남을 가졌다.

명동에서 활동하던 대표적 시인으로 박인환과 김수영이 있다. 그리고 이들은 친구이기도 했다. 박인환은 술을 너무 마시다 보니 31세라는 젊은 나이에 사망했다. 그의 시 '세월이 가면'은 그의 낭만적인 시로 기억되고 있다. 박인환은 종로에 마리서사라는 서점을 운영하며 명동 문인들과 교류하며 김수영을 만났다.

박인환과 달리 김수영은 전쟁의 참혹함 경험하며 현실 비판과 저항정신을 주제로 하는 참여시인의 길을 걷는다. 그의 시 '푸른 하늘을'이라는 시는 4.19 혁명을 경험하고 2개월 만에 쓴 시로서 자유에는 피냄새가 나고 혁명이 고독한지를 외친다. 박인환과 김수영 외에도 명동은 한국 예술의 중심지로 이봉구, 김광균, 김동리, 조연현, 천경자 씨 등 다양한 예술가들을 자주 마주칠 수 있었다.

## 사회주의 문학동맹 카프와 임화

명동은 평론가이며 사회주의자인 임화에 대해 관심이 높았다. 그와 마산 부잣집 딸 미녀 소설가 지하련과의 연애는 사람들의 화두였다. 임화는 1927년부터 본격적인 문학 활동을 시작하며 계급문학에 관심을 두고, 1929년 시 〈우리 오빠와 화로〉, 〈네거리의 순이〉 등을 발표하여 조선프롤레타리아예술가동맹의 대표적인 작가로 자리 잡았다. 일본의 서구 문물과 철학, 사상가들을 접하며 식민지 현실 속에서 희망을 찾고자 했고, 카프의 좌파 문학 이론을 생산하며 활발히 활동했다. 그러나 일본제국주의의 파시즘화로 카프 활동이 어려워지면서 체포되었고, 제2차 카프 검거 사건 이후 카프는 해산되었다. 또한 그는 8.15 광복을 맞이하여 당시 환희와 기쁨을 노래한 '해방의 노래'의 작사가 이다. 이후 미군정 시절 배급문제로 굶어죽는 사람들이 속출하자 집회에 나선 대구 사람들을 탄압한 10.1 사건을 주제로 〈인민항쟁가〉를 작사했다. 그러나 임화는 월북하여 좌익 문학 단체에 참여했지만 결국 숙청되면서 남과 북 모두에게 잊혀진 시인이 되었다.

# 명동에서 왜 삼양동으로 갔을까?

명동은 문학뿐 아니라 대중음악문화의 상징성이 있던 곳이었다. 그러나 60년대 중반이후 명동이 급격한 상업화가 되면서 문학인들에게 명동은 더 이상 남아있기 어려워졌다. 이후 강북구, 도봉구로 많은 문인들이 이동한 시대를 거치게 된다.

화려하면서도 굴곡 많던 명동을 떠나게 된 문화인들은 명동거리를 다니는 대중에게 잊힌 존재처럼 되었다.

나는 명동 성모병원에서 태어나서 주로 삼양동에서 살아왔다. 삼양동이 과거에는 언제나 탈출하고 싶던 고향이었지만 이제는 연어처럼 되돌아오고 싶은 곳이다. 비록 소외되고 가난한 동네지만 따뜻한 인간미가 있는 동네이다.

그런데, 얼마 전 민들레 영토를 창업한 지승룡 대표를 통해 명동과 삼양동의 역사를 이해하게 되었다. 우리 문학인과 예술인들이 오랫동안 명동에서 활동하다가 상업화된 명동을 떠나서 산과 물이 좋은 정릉, 삼양동, 우이동 등으로 이동해서 정착했다.

삼양동은 조선시대부터 궁중 빨래를 했던 빨래골이 있다. 빨래골에 오르는 길에는 공초 오상순 선생의 묘소를 볼 수 있다. 이와 함께 우리 동네를 넘어 쌍문동으로 가면 전태일 열사가 살던 곳이 있다. 삼양동은 삼각산의 양지 바른 곳을 줄여서 붙인 이름이다.

대체로 서민들이 사는 동네인 강북구는 4.19 민주묘지, 민족문제

길위의 인문학 지승룡 대표와 함께 명동의
이면골목 탐방

연구소 근현대역사관, 문익환 통일의 집, 한신대학교, 독립 운동가 묘지, 3.1 혁명이 기획되었던 봉황각 등 우리 역사 속 민중이 지켜온 시대정신의 큰 줄기를 만날 수 있는 곳이다.

문학인들이 명동에서 삼양동, 우이동으로 이동하게 된 이유는 70년대 이후 상업화된 명동이 더 이상 문학인들의 아지트 역할을 하지 못하게 되어서이다. 명동에서 활동하던 김수영, 오상순 선생, 박경리 등이 강북구와 인연이 있다. 또한 김수영은 도봉구 도봉동 107-2번지 일대에서 양계장을 하면서 생계를 유지했다.

박경리 선생은 경우 정릉에서 살았고, 소설 토지의 상당 부분도 정릉에서 나왔다. 이처럼 많은 문인들이 삼양동 우이동에서 살았다. 문학계의 어른인 공초 오상순 묘소도 삼양동 빨래골에 모셔져 있다. 이뿐만 아니라, 공연 기획자 김민기는 JTBC 뉴스룸 인터뷰에서 강북구 수유리 미술작업을 하면서 아침이슬을 떠오르게 되었다고 한다.

## 두 시인의 시대고발

전사로 불리어지는 시인 김남주(1945~1994)는 전라남도 해남군 출신으로 아버지는 노비 출신이었다고 한다. 그는 공부를 잘하여 광주제일고등학교에 입학했으나 학교에 다니는 급우들이 노비였던 아버지를 탄압하던 계급이라는 의식 때문에 고등학교를 자퇴했다.

그는 검정고시 이후 전남대학교 영어영문학과 재학 시절에 3선 개헌과 유신헌법을 반대하는 학생 운동을 적극으로 주도하기 시작하였다. 김남주는 유신헌법에 반대하며 '함성'이라는 신문을 발간했고, 1973년 국가보안법으로 구속되었으며, 감옥에서 상상만으로 광주 5.18 학살을 고발하는 시를 남겼다.

같은 고향 출신 친구로 생명과 평화의 시인으로 유명한 김준태 시인(1948~)이 "아아 광주여, 우리나라의 십자가여"라는 시를 통해 광주의 아픔을 시로 남겼다. 이 시는 외신으로 번역되어 5·18의 참상과 고립무원이었던 광주의 상황을 세계에 알렸다. 김준태 시인은 동향 친구 김남주 시인에 대해 다음과 같이 회고한다. "김남주 시인은 어둠의 시대 민족과 통일에 앞장섰던 선각자이자 사람과 생명, 평화의 세상을 외쳤던 민족시인이었다"

반지성 사회에서는 언제나 양심의 목소리는 억압받는다. 비록 시인의 삶은 억압 되었지만 역사는 양심의 목소리를 기억하고 남길 것이다.

## 문학은 시대를 이야기한다

문학은 이제 명동과 같은 특정한 지역이 아닌 광주, 전남, 울산 등 시대아픔이 함께하는 전국 모든 곳이 문학 공간이 되었다.

문학은 대중 속에 스며들었고, 김남주 시인과 같은 사회운동가이자 전사와 같은 시인이 나오기도 했고, 5.18의 참혹한 현실을 노래한 5월의 시인이고 생명의 시인인 김준태 시인이 시대정신을 이어 간다.

몇 해 전 전일빌딩에서 김준태 시인을 만나 5.18당시 겪은 참상을 들었다. 사람을 쓰레기차로 실어 어디론가 나르고, 빌딩에는 헬기에서 총탄이 날라 다니는 전쟁터였다고 회고했다.

그 또한 베트남 참전용사였기에 수만은 죽음을 보며 생명을 추구하게 되었다고 한다. 그래서 김준태 시인은 생명 평화시인이 되었다.

최근에는 희망버스를 기획한 혐의로 구속된 적 있고 친일 문학인 서정주를 기리는 미당 문학상을 거부한 바 있는 송경동 시인이 활발한 문학 활동을 하고 있다.

송경동 시인의 시집 '내일 다시 쓰겠습니다'는 수많은 노동자의 죽음에 대한 추모시를 썼다. 이처럼 많은 시인들은 풀뿌리처럼 자라나면서 우리 시대 결핍을 메꿔 준다. 시인들과 문학인 철학자가 글을 통해 고발한 시대의 이야기는 우리를 성찰하게 한다.

〈길 위의 인문학 탐방 저자의 해설하는 모습〉

"길 위의 인문학을 통해 지난 2년간 걸어온 길은, 날것 같은 우리들의
근현대사를 마주하는 과정이었습니다. 역사 현장 곳곳에 남아 있는 맥락을
따라가며 우리를 돌아볼 수 있었습니다. 이를 바탕으로 과거를 이해하고,
현재를 해석하며, 미래를 바라보는 새로운 관점을 갖게 되었습니다."

서울 거북선길을 걷다

이순신 탄신일 생가 앞에서

시민단체 참여연대와 서울 커뮤니타스 순례길에서

# 6. 어둠이 빛이라 말하는 이들

## 청년문화의 해방구 민들레영토

민들레영토라는 카페를 자주 다녔던 젊은 시절 기억이 난다.

언젠가 저자 모임에서 만난 지승룡 대표가 소개한 도시 인문학에 관심을 가지게 되어 '길 위의 인문학'이라는 주제로 명동, 충무로, 종로 등지를 걸어보면서 서울이라는 공간에 숨겨진 역사성을 배우게 되었다. 그동안 서울 곳곳의 숨은 이야기를 들으며 인문학에 눈을 떴다.

지승룡 대표는 한국의 스타벅스(Starbucks) 혹은 위워크(WeWork) 같은 공간으로 민들레영토라는 토종 카페를 성공시켰던 기업가이다. 성공적으로 대형 카페를 운영하며 다양한 아이디어와 가치를 현실에 접목하며 이상적 모델을 실천하신 분이다.

함께 길을 거닐면서 서울이라는 공간 속 역사를 찾아서 이야기하고 토론하는 과정에서 자연스럽게 '길 위의 인문학'이라는 타이틀을 걸고 다니게 되었다.

그러던 중 민들레영토라는 카페보다 먼저 도시문화연구소를 시작했었다는 측면에서 지승룡 대표가 본래부터 추구하던 가치가 공동체의 역사회복이라는 것을 알게 되었다.

명동을 다니면서 문학인들의 생각과 사조를 알게 되었다. 그는 그중에서도 명동의 동방살롱 이야기를 하시며 가난한 문학인을 지원해준 김동근과 같은 메세나 기업가를 가장 존경한다고 했다. 생각해 보니 지승룡 대표 역시 김동근과 같은 일을 해왔다는 것을 나중에 알게 되었다. 대학생들이 데이트도 하고 토론하는 소통공간을 제공하고 문화비라는 비용 속에 주머니 사정 어려운 대학생들에게 무료 라면과 민토차를 제공해 주었다.

어떻게 보면 민들레 영토와 같은 공간이 만들어지게 된 계기도 종교탄압에서 시작되었다. 지승룡 대표는 목사로서 삼양동에서 목회를 했지만, 전두환 정권 시절 박종철 고문 사건에 대해 설교 강단에서 이야기했다는 것만으로 교단에서 비주류가 된다.

이후 교회가 아닌 카페 공간을 초기 무허가건물에서 시작한 것이 민들레 영토다. 민들레 영토는 1994년 시절로 인터넷 커뮤니티가 활성화되던 시절 젊은 세대를 위한 어머니 마음 같은 따뜻한 물리적 공간이었다.

이후 다양한 카페가 나타났지만, 여전히 문화라는 영역으로 카페를 접근했다는 점에서 대한민국 카페 역사에 기록될 필요가 있다. 특히, 당시 대학가 주변에 위치했던 민들레영토는 젊은 층의 공론장 역할을 했었다.

프랑스 혁명이 카페에서 시작되었듯 90년대 젊은이들이 모이는 공간의 형성은 어쩌면 현재 50대가 된 그 시대 젊은이들이 비교적 상식적인 생각을 하게 된 원인일 수도 있다.

공론장 측면에서 비록 소셜네트워크로 소통하는 시대가 되었지만 여전히 민들레영토와 같은 공론장이 한국사회에 필요하다는 생각이 든다. 과거 유럽사회가 프랑스 혁명과 같은 새로운 시대를 열고자 했던 열망도 카페라는 공론장이 활성화되었기에 가능했다. 대학에서조차 인문학과가 사라지고 인문학이 천시당하는 시대, 자격증 따고 생존하기 위한 훈련만 받는 교육현장이 되었지만, 민들레영토를 운영하셨던 지승룡 대표는 '길 위에 인문학'이라는 역사 공론장을 열고 있다.

## 명동의 어쿠스틱

길 위의 인문학 프로그램으로 노회찬 재단 분들과 함께 명동을 중심으로 한 포크음악에 대한 인문학 기행을 한 적이 있다. 노회찬 의원은 평소에도 "모든 사람이 악기 하나쯤 연주할 수 있는 세상"을 꿈꿨다.

나는 이것이 함의하는 바가 크다고 느낀다. 시민들이 감성적 여유를 가질 때 더 좋은 세상을 꿈꾸는 진보적 생각이 가능하기 때문이다.

1970년대 명동을 중심으로 한 한국 포크음악 운동은 군사정권과 산업화 시대의 억압적 분위기 속에서 청년들이 저항과 자유를 노래한 문화운동이었다. 이 운동은 명동 YWCA의 "청개구리 공연(1970년 6월 29일)"에 시작되어, 김민기의 자작곡 '친구'와 '아침이슬' 등 창작음악의 첫걸음을 내딛으며 주목받았다. 당시 팝송이 주류였던 음악계에서 김민기의 자작곡은 신선한 충격을 주었고, 송창식, 서유석 등 많은 가수들에게 영향을 미쳤다.

청개구리 공연은 정부의 외압으로 1년 만에 종료되었지만, 이후 "맷돌 공연(1972년)"으로 이어졌다. 맷돌 공연은 한국 전통가락을 현대적으로 해석하며 우리의 얼이 담긴 창작곡을 대중과 소통하는 장이 되었다. 이 공연은 양희은, 김민기, 송창식, 서유석, 4월과 5월 등 당대의 주요 포크 뮤지션이 참여하며 통기타 열풍을 주도했다.

1973년에는 명동성당 뒤 전진상(온전한 자아봉헌:全, 참다운 사랑:眞, 끊임없는 기쁨:常)이란 이름의 카톨릭 여학생회관에서 열린 "해바라기 공연"이 등장했다. 김의철을 중심으로 한 이 모임은 저항문화의 중심지로 자리 잡았으며, 이정선, 한영애, 이광조 등이 참여했다. 해바라기 공연은 자연과 사회적 메시지를 담은 노래들로 대중과 소통하며 포크음악의 기반을 확장했다.

1975년에는 구자룡, 구자형 형제가 주도한 "참새를 태운 잠수함 공연"이 있었다. "잠수함은 한국의 사회를 상징하고 그 사회가 순수와 진실이라는 산소가 희박해지면 노래로써 정화하고 경종을 울리라는 뜻이라며 참새는 진실(眞)을 노래하는 힘없는 서민을 말한다"고 구자형은 소개 했다.

전인권, 강인원 등 여러 뮤지션이 참여한 이 공연은 촛불 아래 진행되며 진솔한 메시지를 담은 노래로 사회적 경종을 울렸다. 이 공연은 1979년 해체될 때까지 명동 포크음악 운동의 마지막 장을 장식했다.

70년대 포크음악 운동은 한국 청년문화의 중심에서 서구 청년 혁명의 영향을 받으며 인간성을 회복하고 저항의 메시지를 전달했다. 특히 김민기, 양희은 등의 창작곡은 한국 포크음악의 기틀을 마련했고, 명동은 포크음악의 메카로 자리매김했다.

나 역시 중고등학교시절 밤늦게 공부를 하면서 라디오를 듣던 세대였고 라디오를 통해 나오는 해외음악과 새로운 음악들에 위로 받았던 기억이 난다.

당시의 라디오 심야방송도 포크운동과 맥을 같이하며 자유와 저항의 문화를 확산시켰다. 문화방송(MBC)의 '별이 빛나는 밤에', 동양방송(TBC)의 '밤을 잊은 그대에게' 등은 해외 저항문화와 국내 창작음악을 연결하며 청년들의 감성을 이끌었다. 오늘날의 유튜브 콘텐츠는 라디오 심야방송과 유사한 역할을 하며 새로운 창작문화의 장을 열고 있다.

1970년대를 중심으로 한 명동 포크어쿠스틱 음악 운동은 시대의 억압 속에서도 인간성을 노래하며 한국 대중음악사에 커다란 족적을 남긴 저항문화였다. 70년대 저항음악은 한국근현대사의 민주화 운동 집회 장소 어디에서나 불렸다. 저항음악의 계보로서 안치환 음악을 빼놓을 수 없다. 신해철의 '그대에게'는 단골 집회음악이 되었으며, 더욱 젊은 세대는 그들의 음악인 소녀시대의 '다시 만난 세계', 로제의 '아파트', 지드래곤의 '삐딱하게'를 부른다. 그들이 콘서트 때 사용하는 응원봉을 집회에서 사용한다. 즐거운 일상을 위해 산 응원봉이 일상을 지키기 위해 사용했다. 젊은이들은 어둠을 빛으로 저항했다.

## 노래에 생각이 담기다

음악 평론가 이백천은 맷돌 공연에서 다음과 같이 멘트를 한다. "언제부터 포크싱어가 나타나면서 노래를 그냥 즐거움으로만 듣는 것이 아니라 생각하며 듣게 되었습니다." 이처럼 어쿠스틱포크송은 서구사회가 68 혁명으로 사회, 정치, 문화적 분위기를 담아낸 것이다.

미국을 비롯한 서구사회는 우리 사회에 비해 좀 더 자유롭게 젊은이들의 열망과 저항 정신을 표현한 문학들이 자리 잡게 되었다. 이 시기의 주요 문학작품들은 혁명적인 사상과 개인의 자유를 강조하며, 기존 체제에 대한 비판을 담고 있었다.

그런 특성 때문에 아이러니하게도 주한미군이 많이 주둔하던 1970년대 음악가들이 활동할 수 있는 공간은 미군클럽이었다. 이 시기 많은 음악인이 미군부대에서 노래하면서 미국 팝송을 번안해 부른 가요가 확산되는 계기가 되었다.

미국음악이지만 당시 미국의 많은 포크송을 통해 새로운 사조들을 수입할 수 있었다. 신중현과 같은 기타리스트, 사이키델릭 여제 김정미 등이 있었다. 조영남 역시 미 8군에서 노래를 불렀고 많은 팝송들을 번안해서 불러 인기를 얻었다.

그런 가운데 명동에는 청년 문화와 음악이 시작되기도 했다. YWCA의 포크동아리 청개구리와 같은 포크송 모임이 나타나고, 양희은, 김민기 등 대학생 싱어송라이터들이 나타나면서, 노찾사 등으로 이어졌다.

그리고, 민주화 운동과 노동운동 현장에서 항상 불리어지는 민중음악이 있었다. 민중에게 용기와 힘을 주는 민중음악은 서구사회의 68 혁명과 연결되어 때로는 번안가요 형태로 때로는 김민기 선생과 같은 분들의 민중음악으로 우리에게 다가왔다.

비록 독재시대였지만 한국사회에 스며드는 포크송 등 문화적 흐름은 세계 보편적 정신을 공유하게 하는 마치 어두운 창고에 스며드는 한줄기 빛이 아니었나 생각해 본다.

김민기는 한국의 대중문화사와 민주화에 중요한 위치를 차지하고 있다. 김민기(1951~2024)는 가수, 작곡가, 극작가로, 대중음악과 공연예술에 큰 영향을 미쳤다. 김민기는 1970년대 초반부터 활동을 시작했으며, 그의 삶과 작품은 한국 현대사의 여러 중요한 순간들과 깊이 연결되어 있다.

그가 학창시절이던 서울 신정동에서 야학을 했다. 군대 다녀오고 취업한 곳이 부평공단인데, 이곳에서 노동자에게 새벽부터 공부를 가르치는 야학을 하기도 했다. 1970년대의 동일방직 노조 탄압 사건, 전태일 분신 사건 등 착취당하는 '노동자' 권리에 대한 인식과 사회적 저항이 필요한 시대였기 때문일 것이다.

그의 음악과 연극은 주로 사회적, 정치적 메시지를 담고 있었다. 특히 그의 음악은 당시 군사 정권 하의 억압적인 사회 분위기를 비판하며 많은 사람들에게 영향을 주었다. 대표적인 작품으로는 1971년에 발표된 노래 '아침이슬'이 있다. 이 시기 김민기는 우이동에 살았고 아침이슬에 나오는 묘지는 4.19묘지다.

이 곡은 당시 청년들과 학생들 사이에서 큰 인기를 끌었으며, 이후 민주화 운동의 상징적인 노래가 되었다. 서슬 퍼렇던 유신정권 시대 김민기의 음악은 당시 정부의 검열 대상이 되기도 했다.

그는 1975년 영문도 모른 채 보안사에 끌려가 고문을 당했다. 그렇게 그의 곡들은 금지되었고, 김민기 자신도 한동안 창작 활동을 제한받았다. 1978년 당시에도 정권의 감시의 대상이었던 김민기는 노래굿 〈공장의 불빛〉을 작사, 작곡하여 테이프로 발매했다. 이때 노동자의 합동결혼식을 위해 지은 노래가 "상록수"이다. 또한 이 노래는 우리가 광주 5.18로 대표되는 "임을 위한 행진곡"의 두 야학 선생님의 영혼결혼식 인물과 연관되어 있다. 전남도청을 지키다 죽음을 맞이한 윤상원 선생님 사후 일 년 반이 지난 1982년 2월에 들불야학을 창시하고, 안타까운 사고로 먼저 죽은 박기순 선생님과의 영혼결혼식이 열렸다. 그때 나온 영혼결혼식 노래가 "임을 위한 행진곡"이다.

1978년 12월 들불야학을 만든 스물두 살 젊은 박기순 선생님이 연탄가스 중독으로 사고사를 당하고, 박기순 선생의 장례식장인 전남대 병원 영안실에 김민기는 나지막한 목소리로 상록수를 부르며 한 야학 선생님의 죽음을 애도했다. 상록수는 노동자의 결혼식 음악이 영결식 조가로 불리어지게 되었고, 우리가 민주화 운동을 하고 여러 고난과 역경을 맞이할 때 부르는 노래가 되었다.

"우리들 가진 것 비록 적어도 손에 손 맞잡고 눈물 흘리니 우리 나갈 길 멀고 험해도 깨치고 나가 끝내 이기리라 – 상록수"

군사정권의 지속된 탄압 환경 속 김민기는 당시 경기 연천군 미산면에 민간인 통제 구역에서 농사꾼으로 살았다. 이후 민주화 운동 절정기인 1987년 7월, 이한열 열사 추모제가 열린 시청 앞에서 백 만 인파가 아침이슬을 부르는 소리를 듣고 김민기는 '이제 아침이슬은 나의 노래가 아니라 당신들의 노래'라고 말했다.

우리는 김민기를 학전소극장 대표로 〈아침이슬〉과 같은 노래나 뮤지컬 〈지하철1호선〉 기획자로 기억하지만, 그는 한 때 노동자였고, 익산과 김제, 전곡에서 농사짓던 농사꾼이자 한살림 활동가였다. 특히, 한살림 관련으로 1989년 장일순, 박재일, 김지하, 최혜성 등이 〈한살림 선언〉을 발표하면서 출범한 한살림 모임의 초대 사무국장으로도 활동했다.

그렇게 파란만장한 삶 속에서 그는 사회적 메시지를 담은 작품을 발표하며 한국 대중문화의 중요한 인물로 자리 잡았다. 김민기로 대표되는 1991년 대학로 "학전"이라는 소극장은 단순한 극장이 아니라 새로운 예술가와 작품이 실험적인 시도를 할 수 있는 공간이었다. 이곳은 주로 소극장 연극과 뮤지컬을 중심으로 활동했으며, 김민기 자신도 이곳에서 많은 작품을 제작하고 연출했다.

"지하철 1호선"(1994)은 학전에서 처음 공연된 작품으로 뮤지컬 역사에서 기념비적인 작품이다. 서울 지하철 1호선을 배경으로 하여 사회의 다양한 문제들을 풍자적으로 그리며 학전을 통해 신인 예술가들이 발굴되고 공연 예술의 저변이 확대되었다.

김민기의 음악과 연극은 단순한 예술 작품을 넘어, 한국의 사회적, 정치적 변화와 깊이 연결되어 있다. 그는 자신의 작품을 통해 시대의 목소리를 대변했고 영감을 주었다. 그의 곡들은 여전히 대중에게 사랑받고 있으며, 그의 작품들은 후배 예술가들에게 큰 영향을 미쳤다.

## 전시를 기획하다 〈서울의 봄길1525〉

직장인으로서 행사기획에 참여해 볼 일이 쉽지 않았는데, 2024년 4월 5일 봄 '길 위의 인문학'이라는 기획 전시회에 참여하게 되었다. 처음 지승룡 대표의 제안으로 함께 기획을 하기로 했다. 무엇보다 공연 기획전문 안태경 감독을 만나서 공동 작업을 할 기회가 있어 나로서는 배울 기회가 생겨 좋은 기회였다.

안태경 감독은 김민기와 함께 학전소극장을 초기 기획하였고, 최근에는 소설 『태백산맥』의 주제인 여순 구례 10.19 사건은 제주 도민을 죽이라는 부당한 명령을 거부하고, 빨치산으로 몰려 희생당해 역사 속에 사라진 군인들의 이야기를 다루었다.

그렇기에 내가 어설프게 기획하면 어쩌나 하며 두려움은 있었지만 그동안 '길위의 인문학'이란 타이틀로 지승룡 대표와 종로, 충무로, 명동을 걸으며 찾아낸 역사를 폼 보드 형태로 만들어 전시하는 부분을 제안했다. 그럴듯한 작품을 전시해야 할 자리에 스티로폼 보드로 만든 작품을 걸었다. 그리고 전시장에서 68 혁명시대 집회 구호를 들고 사진을 찍을 수 있도록 아이디어를 냈다. 안태경 감독과 지승룡 대표도 나의 기획을 받아들여 과감하게 실행했다. 나로서는 처음으로 어설픈 뒷것이 되어본 경험이었다.

안태경 감독은 김민기 대표와 친분이 있었지만 항상 뒷것으로 활동하고자 했던 김민기 대표에게는 뒷것 말고 앞것으로도 활동하라고 했다고 한다. 그래도 배운 사람들이 비겁하게 숨지 말고 한사람이라도 더 힘을 보태는 문화적 싸움을 해야 한다고 믿었기 때문이었다.

그런 의식을 가지고 있던 안태경 감독이기에 어느 날 '서울의 봄길'이라는 인사동 기획 전시 행사를 축하해주면서 남긴 이야기가 있었다.

"우리같이 공연 기획하는 사람들은 뒷것이고, 작품을 내어준 작가 분들은 앞것입니다"라고 하면서 '서울의 봄길 1525' 행사를 축하하면서 남긴 이야기를 적어본다.

질곡의 우리 역사 그 길목마다 의병이란 이름으로 일어선 사람들 임진왜란, 정유재란 그 뜨거운 남도의 수많은 의병장, 의승병들, 구한 말 일제 강점기 저 광활한 만주벌판 봉오동 전투와 청산리전투로 대표되는 만주의 백 개가 넘었던 항일 무장 투쟁단체 이만 명이 넘었던 항일 무장 투쟁 독립군들 그들이 한 것은 독립운동이 아니라 40년간 독립전쟁이었습니다.

1942년 5월 28일 중국 허베이성 북쪽 가장 가장자리가 태항산 회천 전투에 세 명의 젊은이들이 본대를 보호하고자 숲에서 나와서 장자령 산 밑을 향해 흩어져 뜁니다.

하나는 위로 하나는 중턱으로 하나는 아래로 윤세주, 진광화 그리고 최책, 진광화는 그 자리에서 총을 막고 전사, 윤세주는 계단 밖으로 굴러 떨어져 홀로 피 흘리다가 6월 3일 전사, 최책은 살아서 중국 조선족 자랑스런 아들 아들이 되었습니다.

윤세주, 진광화 그해 10월 10일 승원천의 조선민족영령 이란 묘비와 함께 묻혔습니다. 이러한 수많은 전투에서 살아남 어떤 자는 남으로 어떤 자는 북으로 또 어떤 중국에 남아서 연변 조선족 자치구에서 민족의 정체성을 잃지 않으려고 몸부림 쳤습니다.

그로부터 겨우 80년 후 오늘 또 각지에서 의병이 일어나고 있습니다. 문화 예술의 의병입니다. 영화 서울의 봄, 파묘. 다큐멘터리 길 위의 김대중, 영화 1980, 화평반점, 소설 범도, 주진호 역사학자 같은 분들 그리고 종교인, 인문학자, 각종 강연회 그리고 창작자들의 여러 가지 북콘서트 등이 있습니다.

홍범도 장군을 소설로 썼던 소설가 방현석은 그의 소설 '범도' 마지막에 이런 말을 합니다. "100년 전 범도와 백무아가 발사한 마지막 한발의 탄환은 아직 탄착점에 도착하지 않았다." 거기에 저는 좀 더 붙이겠습니다. "100년 전 범도와 백무아가 발사한 마지막 한발의 탄환은 아직 탄착점에 도착하지 않았다. 그 탄환은 4월 11일 관통하고 또 역사를 내달릴 것이다."라구요. 제 친구 지승룡 의병장이 지은 전시 서울의 봄길1525에 뜻을 함께 해 모든 분들 감사드립니다.

- 안태경 감독 -


해외에서 한국문화에 대한 인식이 좋아지고 있는 배경에는 진실을 보는 용기가 있기 때문이다. 세계적으로도 봉준호 감독의 기생충과 같은 사회고발 영화를 통해 문제의식을 나눌 수 있었고, 한강 작가의 폭력 시대를 고발한 소설을 통해 노벨상을 받을 수 있었던 배경에는 세계가 나아가려는 의식의 흐름, 세계가 반성하려는 부분이 함께 공유되었기 때문이다.

무엇보다 최근 케이팝(K-POP)의 인기는 세계적이며, 유행을 넘어 세계의 문화가 되었다. 케이팝의 메시지 역시 세계 평화에 영향을 미치고 있다. 방탄소년단(BTS)의 '봄날'은 세월호 참사의 아픔을 표현한 것으로 세계에 한국의 아픔을 알렸다. 2024년 내란을 일으킨 대통령 탄핵집회에서 나온 최신 케이팝과 다양한 응원봉을 들고 온 젊은이들. 탄핵 가결과 함께 나온 소녀시대의 '다시 만난 세계'는 충분하게 메시지를 전달하면서 폭력에 맞서는 평화적 시위로 전세계를 놀라게 했고 민주주의 승리의 기쁨을 세계인과 함께 누렸다.

다른 나라와 달리 우리 사회는 정치 참여 교육, 노동자 주권 교육을 금지해 왔음에도 진보 지식인, 예술인 들은 어려운 환경 가운데서도 비판 능력과 진실을 통한 저항의식을 보여 왔다.

68 혁명과 같은 인류사의 반성과 저항의 유전자들이 오늘날 새로운 기술문명을 발전시키고 있다. 실리콘밸리 문화 및 스타트업 정신 또한 저항정신에서 시작되기 때문이다.

실제로 스타트업 기업을 멘토링하거나 투자를 받아야 할 때는 언제나 '파괴적 혁신'이라는 부분을 강조한다. 동시에 "당신은 과거의 무엇을 무너트리고 새롭게 바꿀 수 있는지요?"라는 질문을 한다고 한다.

87년 민주화 운동이후 1990년대 초에 한국사회 발전을 예견한 앨리스 앰스던 매사추세츠공대(MIT) 교수(정치경제학)는 한국사회 도약을 가능하게 해 준 중요한 요인 가운데 하나로 군부독재에 저항한 학생운동을 꼽은 것이 주목된다. 학생운동 및 민주화 운동은 한국사회 새로운 산업 역동성을 오히려 높였다.

이를 증명하듯 넷플릭스의 다큐멘터리 '노란문'에서 봉준호 감독은 학생운동 하던 세대들이 87년 이후 새로운 돌파구를 찾아 영화에 관심을 가지고 열정적으로 노란문이라는 영화동아리를 운영했다는 과정에 관심을 가졌다.

오늘날 세계적 감독이 된 봉준호 감독뿐 아니라, 케이팝의 수많은 아티스트들의 전 세계 인기는 우리문화의 힘이다. 무장독립전쟁을 하면서도 문화강국을 꿈꾸었던 백범 김구 선생이 백범일지에서 언급하고 바라던 소원을 우리는 실현하고 있다.

### 내가 원하는 우리나라 - 백범 일지

"나는 우리나라가 세계에서 가장 아름다운 나라가 되기를 원한다. 가장 부강한 나라가 되기를 원하는 것은 아니다. 내가 남의 침략에 가슴이 아팠으니, 내 나라가 남을 침략하는 것을 원치 아니한다. 우리의 부력(富力)은 우리의 생활을 풍족히 할 만하고, 우리의 강력(強力)은 남의 침략을 막을 만하면 족하다. 오직 한없이 가지고 싶은 것은 높은 문화의 힘이다. 문화의 힘은 우리 자신을 행복되게 하고, 나아가서 남에게 행복을 주기 때문이다."

# 압축된 시간

## 급성장의 사면초가

내란을 획책한 계엄령이 터진 현실을 서구사회는 믿기 어려워한다. 그러나 이 현상은 한국 사회 내에 존재하는 다른 시간대의 사람들이 공존하기에 나타나는 현상이다.

과거 4.19혁명, 3.1혁명, 동학혁명에 이르는 130년 동안 민중의식 속에 흐르는 시대정신으로 세계와 나란히 민주주의를 발전시켜온 민중과 조선부터 이어온 계급문화와 식민지 계급적 사회 구조, 경쟁 교육을 유지하던 전근대적 기득권 세력 간 갈등이라고 할 수 있다. 어쩌면 우리는 압축된 역사의 시간을 살고 있기 때문이다. 한국사회는 동시대에 전근대 세대와 근대화 이후 미래를 사는 세대가 함께 살고 있다.

# 1. 기록하라! 비밀편지처럼

한국 민주화 운동과 68 혁명은 직접적인 관련은 없다고 볼 수 있다. 그럴 수밖에 없는 것이 박정희 독재 정권이 모든 의식을 통제하던 시절이었다. 박정희 정권은 베트남전 파병을 했고 무장공비 침투 등에 따라 반공이데올로기를 강화하고 통제했다. 서구사회에서 태동한 68 혁명의 흐름이 한국 사회에 오는 것이 철저하게 통제되었다.

공산주의자라는 이유로 피카소 물감조차 금지되던 사회였다. 레미제라블의 이야기의 배경인 프랑스 혁명의 이야기를 축소해 "빵을 훔쳐서 형을 살고 나왔다가 개심한 장 발장의 이야기" 정도로 알게 한 것은 대표적 우민화다. 박정희 군사 독재정권 시절로 목소리를 낼 수 없는 사회였다. 이 시기 서구사회 젊은이들의 외침을 안타깝게도 우리 대학생들은 숨죽여야만 했다.

그럼에도 불구하고 1970년대 민중은 외세의 흐름 이전부터 동학혁명과 3.1혁명을 이어왔고, 4.19 혁명의 전통이 있어 왔던 저력을 지닌 시민들이었다. 평화시장에서 시작한 전태일의 노동조합과 노동자 처우 개선을 위한 투쟁으로 전태일은 노동법전을 안고 분신을 했다.

전태일은 목소리 내지 않는 칠흑 같은 공간에 노동자의 죽음으로 기득권 사회에 균열을 내기 시작했다. 어쩌면 전태일의 분신은 사회의 노동운동과 민주화 운동이 시작되는 첫 번째 불꽃이 되었고 해도 과언이 아니다. 전태일은 대학생 친구 한 사람만 있어도 좋겠다는 이야기를 남겼는데, 훗날 변호사가 된 서울대학교 법대생 조영래는 교내에서 열린 전태일 추도식에는 "전태일을 죽인 박정희 정권, 기업주, 어용 노총, 지식인, 모든 사회인 등 5대 살인자"를 고발하는 시국 선언문 초안을 작성했다.

김민기는 그 시절 음악을 통해 시대의 이야기를 담았다. 적어도 당시 지식인이라는 사람들은 부끄러움을 알았고, 전태일의 불씨를 안고 문화 민주화운동을 지탱해주는 불씨를 키워왔다.

어떤 권력비판 목소리도 수용하지 않던 엄혹한 독재정권시절이었지만 시민들은 비밀편지를 나누듯 소통했다.

# 2. 산업사회 패스워드

산업화 과정을 겪는 나라들은 대체로 전체주의적 성격을 가진다. 우리 경우도 예외는 아니다. 일제강점기 조선인들에게는 산업화의 주요한 시설들은 열리지 않고 통제되었다. 내가 일하는 KT(한국통신)는 조선시대부터 시작되었지만 식민지 시절 조선인에게는 기술을 알려주지 않고 일본인 중심으로 비밀스럽게 운용하여 조선인은 모두 말단 직원이었다고 한다.

일본인과 달리 조선인 대상의 기술교육은 초급 또는 하급 교육에 국한되었다고 한다. 통신 산업은 식민지시대 독립운동을 탄압하고 수탈하는 도구였기에 더욱 더 조선인 기술자를 통제했다.

통신역사는 우리들의 불행한 역사와 성장하는 역사 모든 과정과 함께 했다. 1894년 청일전쟁, 동학농민군 진압 과정에서 외세가 무단으로 통신설비를 구축하기도 했으며 1905년 러일 전쟁 과정에서 일본이 국내 통신망을 일방적으로 접수하고, 일제강점기와 동시에 통신은 통합되고 전국적으로 통신망이 확대 보급되며 탄압수단이 되었다.

반면, 해방 이후 통신발전 역사는 산업고도화기와 정보통신 투자, 인공지능 등 클라우드 산업까지 변화를 볼 수 있다. 비록 많은 우여곡절이 있었지만, 기술 변화가 산업과 사회의 변화를 이루게 하는 등 긍정적 변화도 이룩했다.

## 통신 인프라의 시작, 자주관리운동

일제 강점기 동안 통신 산업은 일본의 통치 기구 강화와 관련이 깊고, 통신시설은 독립운동의 주요 목표 중 하나였다. 전화선이 끊기고 여러 시설이 불타며 공포에 떨게 하는 사건들이 발생했다.

앞서 말했듯이 통신시설의 주요 인력은 일본인들이었고 조선인들은 하위 직급에 배치되었다. 해방 직후, 제대로 기술을 배워본 적 없던 조선인 노동자는 맨땅에 헤딩하는 정신으로 기술을 익히며 독자적으로 통신업무를 하는 단계에 이르며 노동자가 주체가 되어 경영하는 자주관리운동까지 발전한다. 이 운동은 전 세계적으로 확산된 급진적 노동자 운동의 일환으로, 미군정청이 이를 탄압하며 충돌이 일어났다.

1948년 2월, 전국적으로 발생한 파업 투쟁에서는 노동자들이 통신 설비 파괴와 같은 방식으로 미군정청을 압박했다. 이 시기, 노동자와 시민, 농민들은 가두시위와 동맹휴학을 통해 분단을 막고자 했다.

남과 북 분단 전쟁 이후 통신 분야 산업화 과정에서 모든 정권에서 많은 기반 시설 투자가 있었다. 특히, IMF의 돌파구로서 민주정권시절 정보통신 투자와 벤처사업 진흥 정책은 근본적 정보통신산업이 사회적 변화를 이루는 계기로 발전된다. 반면 노동자 탄압은 정권에 무관하게 지속되는 아픔도 있었다.

## 01410 하이텔이 부르는 첫사랑

정보통신의 발전에 한글 사용은 절대적이었다. 한글 타자기를 만든 공병우 박사를 비롯하여 정보통신 산업시대에 진입하기 위한 준비를 마치 기다렸듯이 해내었다. 그런 변화는 결코 권력의 힘만으로 불가능했다. 한글학회 회원들은 컴퓨터가 등장할 당시 한글 전산화에 힘을 썼다. 한글과 컴퓨터 같은 회사가 나오는 데도 한글학회에서 힘을 보태었다는 점에서 정보통신의 발전은 결코 그냥 얻어진 것이 아니었다.

또한 전길남 박사는 1982년 5월 15일 대한민국이 미국에 이어 세계에서 두 번째로 인터넷 연결에 성공한 나라로 만들었다.

80년대 전두환 독재시절 나의 대학원 은사의 증언으로는 당시 군사 권력은 기술자를 호텔에 가둬두고 데이터 통신회사인 데이콤을 만드는 데 일조하도록 했다. 비록 군사독재시절 억압된 환경이었지만 많은 기술자는 자신의 일을 묵묵하게 사명감을 가지고 핵심 기술 발굴하려고 노력했다.

1995년 나는 회사에 들어와서 PC통신 하이텔(HiTEL) 시스템을 운용했다. 지금은 사라진 전화로 데이터통신에 접속하는 방식이다. 컴퓨터에 연결된 전화 모뎀으로 01410으로 전화를 걸면 화면이 뜬다. 데이터통신망을 만들어내는 중심에는 여전히 외국산 데이터 교환기가 사용되었다.

그 시절 외국산 데이터 교환기를 수리하러 온 외국 기술자의 작업 내용을 보려고 하면, 그들은 바리케이트를 치고 직원들이 보지 못하게 했다. 외국기술에 의존하던 서러운 시절이었다. 그럼에도 정부 투자기업이었던 '한국전기통신공사' 시절 기술에 많은 투자를 했다. 심지어 매출의 80프로를 투자한 적도 있는데 그 시절 국산 교환기 TDX는 그런 개발 신화 중 하나였다.

이 시절 국산 교환장비 TDX는 그 밖의 장비 개발의 원형이었다. 한동안은 데이터접속장비 HiTEL의 장비 개발을 위해 대전 연구소에 파견 가서 ETRI와 협력하던 기억이 난다. 지금은 돌아가신 ETRI 류원 박사 같은 분들이 국산 장비를 만들기 위한 노력한 마지막 세대였다.

그 시절 우리직원들이 참관하여 개발한 인터넷 접속 장비가 나오자마자 미국 루슨트테크놀로지는 덤핑을 해서 제품 제조가 되기도 전에 포기하게 했다. 이 시기 우리는 IMF를 맞이했다. KT라는 영문이름이 된 이유도 과거 뉴욕주식시장에 상장하면서 달러를 들여왔기 때문이다. 이로써 해외자본이 포함된 민영화를 맞이했고, 김대중 정부는 초고속 인터넷 정보고속도로에 투자했다.

특히, 한국형 초고속국가망인 ATM 프로토콜을 만들면서 전세계 초고속 네트워크 표준으로 확대해 나갈 원대한 꿈을 가졌었다. 실로 식민지를 겪은 나라에서 새로운 네트워크 대제국을 꿈꾸던 시대였다.

그런 꿈은 벤처 붐이 일면서 우리는 정보산업사회에 진입하고 있음을 느꼈다. 이 시기를 기억해 본다면 매일 엄청난 양의 기업 및 국가 초고속망 연결을 위한 신청서가 쌓였던 시절로 기억한다.

PC 통신 하이텔 단말기

통신 분야뿐 아니라, 반도체 분야, 자동차 분야 등 우리의 산업기반에는 열정을 가진 노동자와 기술자가 있었다는 것을 잊지 말아야 한다. 이 시대를 살아오면서 비록 힘들었지만 정말 세상이 바뀌어 간다는 것을 실감했던 시절이다. 기술발전 신화를 이루는 역할을 해온 이름

없는 수많은 통신 노동자와 연구 노동자가 있었다는 것을 기억해야 한다.

정보통신 발전에 따라 소통 방식에 큰 변화를 이뤄왔다. 1994년은 한국사회 상용인터넷이 최초 도입되었다.

상용 인터넷서비스 폭발적 활성화는 그 이전 PC통신 사용자들이 있었기에 가능했다. 이 시기부터 서로 직책도 묻지 않고 닉네임으로 서로 호칭하는 수평적 소통이 시작되었다.

수평적 소통 문화 흐름이 사회적으로 확산되면서 커뮤니티 활동이 증가했고, 2000년대 이후 인터넷 및 스마트폰 발전에 따라 다양한 취미 모임, 대안언론 및 정치 시민 모임이 시작되었다. 한국사회 통신 인프라 발전은 소통 활성화와 함께 사회, 정치, 경제 변화를 만든 마중물이었다.

# 3. 노동자가 하늘이다

## 노동자 권리는 천부인권

1987년 6월 항쟁, 최루탄에 맞아 죽음을 당한 이한열 열사의 장례식이 1987년 7월 9일 연세대에서 치러졌다. 이때 문익환 목사는 조사를 하기 위해 무대에 올랐다.

"전태일 열사여! 김상진 열사여! 장준하 열사여! 김태훈 열사여! 황정하 열사여! 김의기 열사여! 김세진 열사여! 이재호 열사여! 이동수 열사여! 김경숙 열사여! 진성일 열사여! 강상철 열사여! 송광영 열사여! 박영진 열사여! 광주 2천여 영령이여! 박영두 열사여! 김종태 열사여! 박혜정 열사여! 표정두 열사여! 황보영국 열사여! 박종만 열사여! 홍기일 열사여! 박종철 열사여! 우종원 열사여! 김용권 열사여! 이한열 열사여!"

모든 민주화 영령의 죽음에 슬퍼 연설하던 문익환 목사의 울부짖음이 있었고 모두 1970년 전태일의 불씨를 이어 시대별 싸워 죽음을 맞이한 열사들의 이름을 불렀다.

전태일은 박정희 정권 시절, 서구 사회의 흐름과 사상이 차단된 시대에 스스로 문제의식을 깨닫고 인간 존중을 외친 자생적 노동운동가였다. 서구사회에서는 68 혁명을 통해 대학생들이 인간의 존엄과 권리를 외쳤고, 전태일은 평화시장에서 홀로 인간존중 노동을 외쳤다. 전태일은 스스로 일하며 공부하며 자신의 문제를 사회적으로 연결 지었다.

그는 열악한 노동환경에 시달리는 어린 노동자의 고통을 목격하며, 자신이 누리던 재봉사로서의 작은 기득권을 포기하고 동생들의 노동현장을 개선하고자 했다. 노동 개선을 위해 설문 조사를 실시하고 이를 언론에 알리며, 정부와 기업에 개선을 요구했다. 또한 노동조합 결성 지원과 집회 계획 등 다양한 노력을 기울였고, 심지어 노동자에게 귀감이 되는 기업을 만들기 위해 사업 계획서를 작성하고 투자를 모색했다.

1970년 11월 13일, 전태일은 근로기준법이 노동자의 권리를 보호하지 못하는 무력한 법임을 고발하며 근로기준법 책을 불태우는 화형식을 계획했다. 그날, 평화시장 앞에서 휘발유를 몸에 뿌리고 스스로 불을 붙이며 "근로기준법을 준수하라", "우리는 기계가 아니다" 등의 구호를 외치며 평화시장 앞길로 뛰쳐나갔다. 명동 성모 병원으로 옮겨졌지만 끝내 사망했다.

전태일은 열악한 노동환경과 저임금, 과도한 노동시간에 저항하며 근로자들의 인권을 지키기 위해 투쟁한 인물이다. 그는 통신 강의를 통해 공부하며 고등학교 복학과 대학 입학을 꿈꾸었고, 노동법을 배워 동료들에게 권리를 알렸다. 바보회와 삼동회를 결성해 노동자의 인권 의식을 깨우고 근로기준법 준수를 요구했으나 정부와 기업의 무관심 속에 수없이 좌절했다.

전태일의 죽음은 당시 세계적으로 68 혁명의 열기가 뜨거웠음에도 고립된 한국 대학생들에게 충격과 부끄러움을 안겼다. 전태일은 한자가 가득한 노동법 책을 보며 '나에게도 대학생 친구가 있었더라면' 하고 안타까워했다. 그의 죽음 이후 수많은 대학생들이 전태일의 친구가 되고자 했다. 그중에는 조영래 변호사가 있었다. 그는 전태일 평전을 남겼다. 이번에 헌법재판관으로 임명된 정계 선판사도 전태일 평전을 읽고 의대를 자퇴하고 법대로 재입하여 약자를 위한 법조인의 삶을 살게 되었다고 증언했다.

전태일 사후 민주화 운동과 노동운동의 흐름에서 수많은 대학생들이 노동 현장에 뛰어 들어가서 노동조합 조직화를 해 나갔다. 1980년대 군사독재시절 뉴스에서는 많은 대학생들이 위장취업자를 적발하는 뉴스를 많이 보고 들었다.

서구사회 기준으로는 노동조합을 만드는 것이 불법인 사회가 비정상이지만 일제강점기시대부터 노예상태 노동이 해방이후에도 이어지는 비정상 속에서 자신의 권리를 찾지 못하고 살아야 했다. 청년 노회찬도 전태일을 닮아가기 위해 전태일 사후 노동 현장에 뛰어든 노동자다. 그는 1982년 영등포청소년직업학교에서 전기용접기능사 자격을 취득했다. 그러면서 이 시절 동료들과 찍은 졸업사진을 가장 소중하게 여긴다고 회고했다.

1987년 6월 항쟁이 일어났다. 뒤이어 터진 7-9월의 노동자 대투쟁은 한국사회에서 억눌려왔던 노동자와 노동운동이 시민권을 얻는 과정이었다. 이 과정에서 인천지역민주노동자연맹(인민노련)이 출범했고, 이후 노회찬은 노동자를 위한 정치 목적으로 민주노동당을 통해 국회에 입성하게 되었다.

노회찬은 제17대 국회 개원 첫날이던 2004년 5월 31일, 민주노동당 소속 초선 의원으로 국회에 등원했다. 소감을 묻는 질문에 초선 의원 노회찬은 다음과 같이 대답했다.

"당사에서 여기까지 걸어오는 데는 5분밖에 걸리지 않았지만, 우리 서민들 노동자 농민 대표가 여기까지 오는 데 사실 50년이 걸렸어요."

'진보정당'이 국회에 입성한 것은 1960년 4월 혁명 직후 치러진 총선 이후 44년 만에 처음이었다.

한국사회 정치인, 행정가, 경영자들은 일제 강점기 착취에 익숙하다 보니 노동운동은 자본주의와 반대 개념으로 생각하지만 이제 생각의 틀을 바꿔야 한다.

2024년 노벨경제학상을 받은 대런 애스모글루(Daron Acemoglu), 사이먼 존슨(Simon Johnson), 제임스 로빈슨(James Robinson)은 그들의 저서 『국가는 왜 실패하는가』에서 '포용적 경제 제도'와 '착취적 경제 제도'로 분류하고 포용적 제도를 채택한 국가가 더욱 번영한다고 했다.

특히 대다수 식민지로부터 해방된 국가들이 불평등과 빈부격차에 천착하는 과정에서 한국은 민주화 이후 부가 빠르게 성장했다는 특징을 이야기했다. 따라서 한국경제성장 배경은 권력중심에 부가 소수에 몰린 국가에 비해 권력이 나눠져서 다양한 계층이 기회를 얻을 수 있었던 1987년 민주화운동과 노동운동에서 비롯되었음을 확인할 수 있다. 그럼에도 노벨상 이론과 반대로 경제 양극화를 조장하고 계급화를 추구하려는 정책과 시도는 우리사회를 파국으로 내몰 수 있는 경고라고 할 수 있다.

## 대학생 친구가 있었으면

과거와 달리 오늘날의 청년들은 더욱 고립된 상황에 처해 있다. 전태일의 시대에는 공동체의 흔적이 있었지만, 오늘날 청년들은 철저히 경쟁 속에 내몰렸다. 이는 기성교육이 청년들에게 경쟁만을 가르쳤기 때문이다. 이제 우리는 청년세대가 더 이상 경쟁하지 않아도 되는 사회를 만들어야 한다.

인간에 대한 공감, 미안함, 그리고 염치 같은 본연의 마음에서 새로운 시대정신이 싹틀 것이기 때문이다.

## 국가의 민주노조 탄압

전태일은 한국 노동운동의 상징적 인물로, 그의 죽음은 노동자의 권리와 인권에 대한 사회적 관심을 불러일으켰다. 1970년대 여성 노동자들이 주도한 노동운동은 저임금과 열악한 근무 환경을 개선하며 민주노조 결성으로 이어졌다. 군사정권의 탄압 속에서도 노동자들은 꾸준히 노동 환경을 개선해 나갔다.

1980년대에는 민주노조 운동이 강화되었고, 구로공단 연대투쟁과 같은 사건들이 노조 간 협력의 가능성을 보여주었다. 1987년 6월 항쟁 이후 대규모 노동 쟁의가 발생하며 노동운동은 전환점을 맞았고, 1996년 민주노총이 설립되어 노동자 권익을 위해 활동하고 있다. 하지만 정권 차원의 탄압도 지속되었다.

KT 노동조합은 이명박 정부 시기 국정원의 개입으로 민주노총에서 탈퇴하고 한국노총에 가입했다. 당시 사측의 압박과 협박으로 노조는 사측 입장에 동조하는 조직으로 변질되었고, 구조조정 때마다 침묵했다. 이로 인해 많은 직원들이 자살에 이르는 비극이 발생하며, 이는 직장 내 괴롭힘 문제로 이어졌다. 결국, 2018년 직장 내 괴롭힘 방지법이 제정되었다.

한편, KT 새노조 이해관 전 위원장은 2011년 세계 7대 자연경관 전화투표 비리를 제보하며 공익신고자의 역할을 했다. 이후 2021년 법원은 KT의 불이익 조치에 대해 책임을 인정하고 손해배상 판결을 내렸다. 정년을 맞이한 이해관 전 위원장은 전태일 기념관에서 과거 노동운동의 헌신과 지금까지의 제도적 성과를 돌아보며, 여전히 갈 길이 멀다고 회고했다.

<u>노동운동의 역사는 많은 희생과 헌신을 바탕으로 이루어졌다. 근본적으로 한국사회 정부와 기업은 과거 식민지노동 관점을 벗어내고 노동운동은 산업의 발전을 위해서도 필요하고 경제발전의 동반자라는 인식으로 바꿔나가야 한다.</u>

## 스타트업 창업가 전태일을 만나다

전태일은 1970년 자신의 몸을 불사르며 어린 노동자의 인간성을 외친 노동운동가로 잘 알려져 있다. 그러나 그의 삶을 깊이 들여다보면 단순히 노동운동가를 넘어 혁신적인 경영 비전을 가진 인물이었다. 그는 연민과 공감을 바탕으로 어린 노동자과 함께할 수 있는 이상적인 기업 공동체인 '태일기업'을 구상했으며, 그가 작성한 사업계획서는 오늘날에도 혁신적이다.

그는 기득권과 학벌에 의존하지 않고도 자신의 능력을 발휘하며 공동체적 경영 철학을 제시했다. 이는 현대 기업인들이 배워야 할 기업가 정신이며, 우리 사회가 필요로 하는 따뜻한 리더십의 본보기다. 그의 혁신적이고 포용적인 리더십은 미래의 위기를 극복할 공동체적 모델로 여전히 유효하며, 이를 통해 인류 공동체의 진화와 변화를 이끌어야 한다.

전태일 평전을 통해 그의 약자에 대한 깊은 공감과 이를 바탕으로 작성된 사업계획서를 엿볼 수 있다. 흥미롭게도, 그의 접근 방식은 오늘날 스타트업들이 사업계획서를 작성할 때 활용하는 디자인 싱킹(Design Thinking) 방법론과 유사하다.

청계천가에 위치한 전태일 기념관에는 그가 생전에 펼친 활동과 사업계획서들이 전시되어 있다. 나도 그의 사업계획서를 보면서 그 시절에 나왔다고는 믿기지 않는 여러 개념을 보고 놀랐다.

디자인싱킹 방법론은 스타트업에서 많은 활용을 하는 사업계획

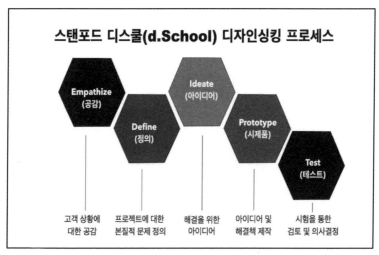

스탠포드 디스쿨 디자인싱킹 프로세스

방법론이다. 이 방법론은 최초로는 1990년대 디자인 기업아이디오(IDEO)가 대중화했고, 디자이너들이 아이디어와 방법론 찾는 방식에서 영감을 받아 체계화했다.

이후 스탠포드대학에서 다음과 같이 정의한 디자인싱킹 방법론을 통해 구체화되었다.

디자인싱킹 방법론은 어떤 문제 해결을 위한 프로세스로서 먼저 공감이 중요하다. 공감 이후에는 문제에 대한 정의를 한다. 그렇게 문제정의가 되면 아이디어를 만들고 해결책을 찾는다. 그리고 프로토타입을 만들고 이후 테스트하는 것이 최종과정이다.

청년 전태일은 처음 열악한 환경에 처한 여공들의 삶에 공감했고,

열악한 노동현실에 대한 문제를 지적한다. 노동법이 있어도 이를 지키지 않는 당시 노동환경에 문제를 제기한 것이다.

그가 문제를 통해 해결을 위한 목적의식을 가지고 다양한 아이디어를 제시하고 실행한다. 특히, 설문지를 통해 구체적 노동실태를 조사하고, 언론을 통해 노동현실의 공감대를 만들었다. 그리고 그는 태일기업이라는 이상적 기업을 만들려고 했고 투자를 받고자 노력 했다.

이 모든 프로세스가 공감을 중요하게 생각하는 디자인싱킹 방법론과 정확하게 일치한다. 우리가 그를 노동운동가로 보고 있었지만 그가 태일피복을 만들어 새로운 모델의 기업을 만들고자 한 혁신가다.

## 태일피복 주식회사

태일피복 사업계획서를 이해하기 위해 현재 가장 많이 활용하는 사업모델 방식을 살펴본다. 비즈니스 모델을 체계적 사업계획서로 표현할 때 비즈니스 모델 캔버스(Business Mode Canbas, BMC) 9블록 개념을 사용한다. 사업모델에 대한 정의와 사업모델을 통해 발생하는 비용과 수익으로 돈의 흐름을 한눈에 보이도록 정리하는 방식이다. 전태일이 만든 사업계획서는 정확하게 9블록으로 표현되었으니 그는 선각자다.

## 태일피복 사업계획서 분석

태일피복은 전태일의 사업계획서상의 기업이다. 사업계획서에는 기업이 좋은 일자리 창출로 사회공헌에 이바지한다는 개념이 있고, 수익을 내기 위한 혁신이 있으며, 유통과 서비스와 파트너십이 잘 구성되어 있다.

노동자 전태일은 평소 하는 일에서 무엇을 개선해야 하는지 알고 있었다. 그러한 실무 감각이 있었기에 현재 문제점에 대한 개선 방안이 나올 수 있었다. 최근 한국사회에서 노동 이사제에 대한 이야기들이 많이 나온다. 결국 노동자가 경영에 참석한다면 더욱 투명하고 기업의 혁신방향을 실무적 입장에서 더 잘 이해하고 정확한 판단이 가능하게 된다.

태일피복 사업방침 중 주문과 3시간 이내 배달이라는 서비스와 직접 방문 고객에 대한 교통서비스는 최근 혁신을 주창하는 쿠팡, G마켓 등에서 제공하는 총알배송 서비스를 닮았다. 표준화에 대한 이야기도 담겨 있다. 또 마케팅 방안으로 영수증 추첨 서비스는 최신 마케팅 기법이다. 또한 핵심 파트너에 대한 관리 및 체계적 정보 관리를 통한 유통구조를 생각했다는 점에서 나는 감동했다.

# 다르게 생각하라(Think Different)

한국사회의 연공서열 문화와 엘리트주의로 인해 기업별로 전문성이 없는 임원들로 파생하는 리스크가 크다. 노력하는 임원들도 있지만 실제 많은 임원들은 유능하지 않다. 바로 이런 점에서 의욕 넘치는 스타트업 기업가에게 기회가 있는 것이다. 스티브 잡스가 IBM을 조롱하듯이 기존 질서를 깨려는 결기를 가지고 도전해야 한다.

그러나 이 바탕에는 청년 전태일처럼 공감과 비판의식을 가지고 문제를 발견할 수 있어야 한다. 현실 비판의식과 함께 분노할 줄도 알아야 한다. 이런 에너지로 세상을 바꾸는 혁신 목표로 도전해야 한다.

기존 질서들이 인정하지 않는 "시위꾼", "운동권", "히피족", "반항아" 일수도 있기에 스티브 잡스는 해군 깃발이 아닌 해적 깃발을 올리고 개발팀을 이끌었다. 스티브잡스 역시 그가 만든 애플 광고 다르게 생각하라(Think Different)에서 "세상을·바꿀 수 있다고 생각할 만큼 미친 사람들이 바로 세상을 바꾼 이들이다." (Those people that are crazy enough to think they can change the world are the ones who can do it.)라는 말을 했다.

모든 사업의 시작은 갈망에 있다. 갈망을 변화로 만들어내는 사람들에게 영어권 사회는 기업가 정신(Entrepreneur ship :앙트라푸르너쉽)이란 용어를 쓴다.

실제로 한국사회에서는 기업가 정신을 단순히 돈을 버는 정신

해적 깃발과 스티브잡스팀 - 사진: 포춘지, 『1984』

으로 착각할지 모르지만 기업가 정신(Entrepreneur ship : 앙트라푸르
너쉽)은 기존 질서를 무너트리고 새로운 질서와 새로운 가치를 만
들어 내는 사람들이다.

오스트리아 학파인 조지프 슘페터(1883.2.8~1950.1.8)는 기업가
(entrepreneur)의 창조적 파괴의 힘이 경제의 발전과정에 영향을 준
다고 생각했으며, 오늘날에도 혁신기업을 설명할 때 반드시 기존
구조를 무너지게 하는 혁신을 이야기한다.

오늘날에도 실리콘밸리 투자자가 스타트업 기업가에게 물어보는
질문은 "당신은 어떻게 세상을 바꿀 수 있는지 ?"이다.

# 4. 민주화와 성장

한국사회가 개발 전체주의만으로 성장하지 않았다는 것을 이해하지 못한다면 근본적으로 한국사회의 성장 배경을 이해하는 것이 아니다.

한국사회에서 자본은 과거 자본과 신생자본의 형태로 나눠져 있다. 공기업, 국가금융, 건축업 및 대기업들이 과거 자본이라고 보면 된다. 이들의 경우 상당수 일제 강점기 해방 후 적산기업을 이어온 친일 기득권 및 공무원들이다.

전통적 기업 및 공무원 집단의 경우 연공서열 문화와 엘리트주의로 인해 전문성이 부족한 사람들이 의사결정 중심에 있는 경우가 많았다. 그런 원인들이 모여서 IMF 경제위기를 겪게 했다. 그러나 IMF 이전까지는 높은 성장과 함께 민주화 열기가 뜨거웠다.

한국사회 민주화 운동은 1987년 하반기 노동자투쟁으로 많은 중산층을 이루는 긍정적 효과를 만들어 냈다. 이 시기는 경제적으로도 전두환 정부 임기 후반인 1986년부터 노태우 정부 임기 초인 1989년까지 나타난 3저(저금리, 저유가, 저달러) 국제적 현상으로 전두환은 별다른 노력 없이 경기가 좋았다는 평가가 있었다.

이 시기는 80년대 호황기였던 시절로서 노동자 월급이 상승하여 중산층이 형성되고 내수 시장이 활성화되기 시작했다.

어떤 면에서 우리나라의 민주화운동은 서구사회 경기 호황기에 발생한 서구사회 68 혁명과 유사했다고 할 수 있다. 소스타인 베블런의 이론처럼 먹고살기 힘들면 보수화 되고, 유산계급과 중산층이 오히려 진보가 될 수 있다는 이론과 연결되는 현상이다.

1997년 IMF는 엄청난 한국사회에 큰 충격을 준다. 많은 40대 가장이 일자리를 잃어 사오정 오륙도(45세 정년, 56세까지 다니면 도둑)이라는 자조적 조어가 유행했다. 이 시절을 겪으면서 한국사회는 양극화되고 공무원 및 의사와 같은 안정된 일자리만 찾고 새로운 것에 도전하지 않는 사회적 특성을 갖게 된다.

# 응답했다! 1994

1994년을 생각해 볼 필요가 있다. 사회적 에너지들이 일상으로 수렴되던 시기다. 특히, 1993년 대전 엑스포를 통해 기술에 대한 변화가 한국사회에 제시되던 시기였다.

전자부품을 구매해서 자신만의 PC를 제작하던 시대였는데, 주말이 되면 용산전자상가와 세운상가 등지에서는 전자부품을 구매하고 중고부품을 거래하는 이들로 크게 붐볐다.

아무것도 없는 사람들도 무언가 시도해 볼 수 있던 시대로서 오늘날처럼 대기업이 모든 것을 독점하지 않았다. 사람들은 세운상가와 용산전자상가에서 창업 기회를 만났다.

활발한 소통이 이루어지면서 컴퓨터통신과 컴퓨터게임이 확산되었다.

이 시절 이전만 해도 한국 수직적 문화가 강해서 직급을 중심으로 호칭을 하던 시대였다. 그러나 대중이 컴퓨터 단말기를 통해 소통하면서 가명(닉네임)을 쓰면서 수평적 대화를 하게 된다.

이렇게 형성된 가상공간의 사람들을 네티즌이라고 했다. 대중의 소통방식이 달라지면서 긴밀한 연결성을 지니게 되자 수많은 사설 BBS가 나타났고 온라인 게임이 발전했다. 온오프 모임으로 시민의식을 가진 사람들이 공고해졌다. 시민단체로 참여연대가 나타났고, 대학가에는 민들레 영토 같은 한국형 토종 카페가 생겼다.

신입사원 시절 PC통신 운영 부서에서 일했던 기억은 생생하고 특별하다. 전국에서 접속하는 사용자들의 흔적을 깜빡이는 모뎀 불빛을 통해 실감할 수 있었던 그때를 떠올리면 로맨스 영화 '접속 (1997.9.13 개봉)'이 자연스레 생각난다. 이 영화는 소통이 흔치 않던 시대의 연인을 감성적으로 그려냈다. 실제로 내 주변 직원 중에도 PC통신을 통해 연애하는 사람이 많았다. 당시 회사 연수원 내 무료 HiTEL 단말기가 있었는데, 휴식 시간에 채팅을 즐기고 이를 통해 만난 사람과 결혼까지 이어지는 사례도 많았다.

소통의 본질은 사람을 이어주는 것으로 기술이 발전하고 시대가 변한다 해도 결코 변하지 않는다. 민주화 움직임이 활발했던 1987년 광장에 모였던 사람들이 1994년부터는 온라인 커뮤니티 속 네티즌이 되면서 한국사회의 수평적 시민 계급을 형성했다.

노사모와 같은 정치적 흐름도 PC통신의 발전과 무관하지 않다. 이후 노무현 대통령은 인터넷이 만든 기적이라고 해서 그 당시에는 인터넷 대통령이라는 별칭도 있었다.

# 퀴즈! 서·계·차·경

87년 민주화운동과 노동운동은 한국 사회에서 기적과 같은 일이었으며, 경제적 여유가 생겨 문화적으로 성장한 이들은 중산층을 형성했다. 그러나 민주화를 경험하지 못한 젊은 세대는 여전히 구체제의 교육과 경쟁 구조 속에서 성장하며 다양한 책을 읽을 기회를 박탈당하고 있다. 이는 그들이 인문학적 기반을 갖추고 세상을 폭넓게 보는 눈을 갖출 기회를 박탈당하고 있음을 의미한다.

경쟁사회 이데올로기는 엘리트 권력이 사회를 지배하는 것을 용인하게 한다. 군사독재를 경험했음에도 전체주의 잔재는 여전히 남아 있고, 검찰과 언론의 권력 남용이 계속되고 있다. 최근에는 특정 학교 학벌중심에 대한 비판 목소리가 커지고 있지만 그런 학벌 계급사회는 우리사회 교육구조에 원인이 있다.

이런 특징을 취재한 프랑스 신문 〈르몽드〉는 한국의 교육 시스템을 "세상에서 가장 경쟁적이고 고통스러운 교육"이라고 밝히면서 한국의 아이들을 "세계에서 가장 불행한 학생들"이라고 표현했다. 서열 꼭대기에 가기 위한 수단으로 교육이 있을 뿐 본질적 학문에 대한 가치를 추구하지 못한다. 이는 우리의 학문 수준이 낮은 원인이기도 하다.

독일에서는 경쟁을 부정적 원리로 보며 68 혁명 이후 독일 교육의 기본원리로서 작동했다. 독일의 사회학자 테오도어 루트비히 비젠그룬트 아도르노(Theodor Ludwig Wiesengrund Adorno)는 '경쟁은 근본적으로 인간적인 교육에 반하는 원리로 인간적인 교육은 결코 경쟁본능을 강화하는 방향으로 나아가지 않는다.'고 했다. 독일의 사례를 잘 정리한 김누리 교수의 『경쟁교육은 야만이다』라는 책이 있다. 그는 경쟁교육이 지속되면 또 다시 나치즘 같은 야만을 낳을 수 있다고 했다.

경쟁교육에 길든 이들의 사회에서는 전체주의자가 양산될 수밖에 없다. 어느 누구도 행복하지 않은 경쟁 이데올로기 세상이 되었다. 이는 한국사회가 출산율이 가장 낮은 국가가 된 것과도 무관하지 않다.

한국사회는 비록 경제적으로 성장했지만, 여전히 서구 사회가 1968년을 기점으로 겪었던 후기 근대화의 과제를 본질적으로 받아들이지 못하고 있다. 따라서 서열화, 계급화, 차별화, 경쟁심화 문제를 해결하지 않으면 결코 사회 진보는 어렵다.

## 북적북적 시민모임

참여연대는 2024년 9월 10일 30주년을 맞이했다. 과거 박원순 변호사 등 현재 민변(민주사회를 위한 변호사 모임) 출신 변호사분들이 많은 참여로 인사동에서 시작했다. 한국사회의 시민운동은 1994년 시작된 참여연대를 중심으로 많은 변화를 이루어냈다. 민주언론시민연대는 10년 전인 1984년 12월 19일 박정희 정권 때 언론 자유를 지키려다 쫓겨난 동아일보와 조선일보 해직 기자들과 80년대 전두환 군사 독재시절 언론 통폐합과 통제에 맞서 해직된 언론인과 출판인 들이 창립했다.

독재에 목소리를 내기 위한 언론운동이 시작되었고, 이후 시민들은 사법 감시를 비롯해 기업 및 사회 전반에 목소리를 내기 시작했다. PC통신이 활발해지면서 대중이 컴퓨터 인터넷으로 익명성과 닉네임으로 상징되는 수평적 소통을 시작하던 시기와 겹친다.

이 시기 참여연대의 창립 목표는 "참여와 인권을 두 축으로 하는 희망의 공동체 건설"이었다. 민주화가 거리에서 이루어지던 1980년대 이후, 이제는 사회와 정치 한복판에서 국민이 스스로 참여하고 감시하는 것이 필요하다는 메시지를 담고 있었다.

참여연대는 창립 초기부터 부패 척결, 정치·사법 개혁, 국민 생활 보호 등 다양한 운동을 펼치며 시민의 권리를 제도화하는 데 앞장섰다. 1997년 외환위기 이후 신자유주의가 도입되면서 사회안전망과 복지 확충을 위한 운동을 확대해 나갔다.

참여연대는 이후에도 취약 노동자의 권리 보호, 민생 보호, 공공성 강화, 사회적 참사 문제 대응 등을 의제로 삼으며 활동을 이어갔다. 이 과정에서 국민기초생활보장법, 국민건강보험, 국가장학금 등 사회적 기본권 보장을 위한 많은 성과를 거두었고, 집회 시위의 자유 등 시민적 기본권을 확립하는 데도 기여했다.

시민 스스로 시민단체처럼 활동하는 경우도 많아졌다. 모두 정보기술 발전으로 직접 목소리를 낼 수 있는 환경이 마련되었기 때문이다.

특히 시민의 정당 가입이 늘면서 정치와 시민운동 환경이 크게 변했다. 전 세계에서 공산당 빼고 당원이 가장 많다는 더불어민주당은 500만 당원에 육박하는 거대 정당으로 2024년부터 당원 스스로 선거 공천을 주도했다. 흥미로운 현상이다.

정치 효용성을 실감한 시민들이 주도한 변화라는 측면에서 시민운동은 의미가 크다. 진보정당 당원 시절에도 당원들의 의사가 반영이 안 되어 내부 불만이 컸었던 기억이 있다. 시민운동 은 물론이고 정당, 기업 등 사회 전반에 조직 내 민주화가 적용될 때 소수 기득권층이 아닌 집단지성이 주도하는 건전한 민주주의가 성립한다. 이는 실로 중요한 과제이다. 뿐만 아니라 다양한 커뮤니티를 통해 사회적 목소리를 내고 공론장에서 만나고 교류하고 소통해야 무너진 공동체를 복원할 수 있을 것이다.

# 5. 굽이치는 조선반도

한국사회는 짧은 시간 많은 변화를 이뤄낸 대표적 국가다. 짧은 시간 경제적 성장과 함께 IMF라는 고통까지 영광과 고통을 겪으면서 정치적 격동기를 거쳐 왔다. 빠른 변화로 인한 부작용인지 우리의 역사성을 잃음으로 가치상실 시대를 살고 있으며, 교육 문제, 공동체붕괴 및 부동산 문제로 시민들은 쉽지 않은 세상을 살고 있다. 가장 인구감소가 빠르고 자살률이 높은 나라다. 인간소외 현상의 가장 큰 원인은 인간 본성을 추구하는 인문학 정신의 결여다.

## 혁명과 유신

근대화와 산업화를 혼동하는 경우가 많지만, 둘은 본질적으로 다르다. 산업화는 기계 생산 체제를 도입하는 경제적 변화로, 왕조

국가에서도 가능하다. 반면, 근대화는 정치·사회 체제의 전환과 조직의 변화를 의미한다. 조선은 전기, 통신, 철도 등을 도입하며 산업화를 진행했지만, 정치제도와 사회구조 측면에서는 근대화가 되지 못하거나 지연되었다.

산업화를 근대화로 착각하게 된 데는 일본 제국주의의 역사관이 영향을 미쳤다. 일본의 후쿠다 도쿠조는 한국에 봉건제가 결여되어 근대화가 늦었다고 주장했지만, 이는 근대화를 봉건제의 틀로만 해석한 오류였다. 서구에서 근대화는 왕정에서 공화정으로의 전환을 의미하며, 동학혁명과 3.1혁명, 임시정부 수립은 한국이 근대화의 본질적 가치를 실현했음을 보여준다.

일제가 한국을 근대화시켰다는 '식민지 근대화론'은 논리적으로 성립되지 않는다. 일본은 메이지유신을 통해 산업화를 이루었지만, 근대화 기반은 부족했다. 식민지 지배 하에서 조선 민중은 동학혁명과 3.1혁명을 통해 공화정 정신을 체득하며 근대적 시민으로 변화했으나, 친일 기득권층은 여전히 왕조적 사고방식을 벗어나지 못했다. 지금도 일부 수구 세력은 왕조적 사고를 유지하며, 일본 제국주의를 미화하려는 경향이 강하다. 이는 메이지 유신을 산업화의 성공 사례로만 보고, 정치적 근대화의 본질을 외면한 결과다. 반면, 조선 민중은 동학의 자주적 정신과 근대화 의지를 바탕으로 해방 이후 공화국의 기틀을 마련했다.

## 전체주의를 지탱하는 이데올로기들

근대화는 정치제도의 변화로 왕권을 무너뜨리며 산업화를 가속화했다. 그러나 근대화는 긍정적 측면 외에도 이데올로기 시대를 열어 대중 통제를 강화하는 도구로 활용되었다. 이는 조지 오웰의 『1984』에 묘사된 사회처럼 개인의 자유를 억압하고 통제하는 정치체제다.

산업화는 인간을 단순히 자원과 부품으로 간주하며 노동 착취 구조를 만들었고, 이를 통해 전체주의로 발전했다. 일본 제국주의와 같은 국가들은 근대화의 정치적 본질을 외면하고 전체주의적 특징만을 받아들였다.

근대화는 국가별 시대별 양상도 달랐다. 프랑스 대혁명은 자본가 계층의 혁명이었고, 이후 러시아 혁명은 노동자 중심 혁명이었다. 하지만 두 혁명 모두 생산성 극대화를 추구하며 엘리트권력이 대중을 폭압적으로 지배하는 전체주의 구조를 만들고자 한 것이다.

나치즘과 파시즘은 인류사회에서 명확하게 금기시 되고 있지만, 승전국들의 이데올로기는 오늘날에도 영향을 주고 있다.

한국 사회에서도 유사한 현상이 나타났다. 독재정권 시절, 긴급조치와 빨갱이라는 낙인은 이데올로기를 빌미로 수많은 양민을 학살했다. 대표적인 사례로 제주 4.3 사건, 여수·순천 사건, 국민보도연맹 학살 등이 있으며, 이는 수십만 명의 희생자를 낳았다. "골로 간다"라는 표현은 학살의 공포에서 비롯된 언어로서 그 시대를 살아온 사람들이 가진 두려움이 만든 말이다. 두려움은 지성을 마비시키고 권력에 대한 맹목적 복종만 남겼다.

제주 4.3 학살 피해자 : 약 25,000 ~ 30,000명
여수순천사건 피해자 : 약 10,000 ~ 12,000명
국민 보도연맹 학살 피해자 : 약 200,000 ~ 500,000명

통제와 억압은 대중을 위협하는 통치 수단이었다. 그러나 한국은 민주 열사들의 투쟁과 시민들의 시대정신으로 점차 전진했다. 우리 사회에 여전히 남아있는 극우 이데올로기의 폭력성이 남아 있음을 윤석열 불법 계엄령 이후 여러 수사결과를 통해 확인했다.

그들의 계획이 성공했다면 분명 과거비극을 반복했을 것이다. 탄핵집회에 비극을 막아낸 시민 발언자들의 이야기에서는 탄핵 뿐 아니라 차별에 대한 반대, 다양성 인정에 대한 요구가 있었다. 이러한 요구는 68 혁명 세대들이 주장하는 바와 같으면서 동시에 동학혁명에서 신분이나 계급을 초월하여 모든 인간이 평등하다는 사상과 같다.

새롭게 열어가야 할 시대는 우리가 목숨을 빚졌던 이들의 주장처럼 모두가 차별받지 않고 인간의 존엄성이 존중받는 시대가 되어야 한다.

## 당신이 꿈꾸는 세상은?

저항 운동가들은 사회에 유토피아적 사고와 혁명적 변화를 촉구했다. 여운형과 안중근 같은 인물은 독립과 평화를 위해 노력했으며, 백기완 선생의 '노나매기 세상'은 이상적 사회 비전을 제시했다. 너도 나도 올바르게 잘 사는 세상이라는 노나매기 세상은 유토피아 사고로서 이상적인 사회를 꿈꾸는 것이다.

독일 사회학자 카를 만하임(Karl Mannheim)은 이데올로기 사고와 유토피아 사고를 구분하며, 이데올로기는 기득권이 자신의 지위를 정당화하고 유지하기 위한 도구로, 반공, 자본주의, 능력주의 등의 형태로 대중에게 확산한다. 반면, 유토피아적 사고는 불합리한 현실을 변화시키고 혁신적인 대안을 제시하는 사고로 정의 했다.

우리사회 교육은 기득권 중심의 이데올로기 교육을 강화하지만 대부분 노동자로 살아야 하는 학생들에게 필요한 노동 교육과 정치교육은 외면하고 있다. 이는 기득권 집단과 친일 적산을 승계한 자본계급의 영향이 크며, 이들은 자본 유지를 위해 불평등과 가난을 지속시키는 것이 유리하다고 생각한다. 이런 현상을 독일에서 공부를 해온 최동석 교수의 강의에서 다음과 같이 잘 정리했다. "이데올로기는 특정집단이나 계층이 자신들의 사회경제적 지위를 유지하기 위해 활용되는 사상과 지식체계로서 특정 역사적, 정치적 맥락에서 형성된 세계관이다."

# 6. 거울 앞에선 시간

포스트모던이란 시대를 구분하는 표현이다. 근대화시대는 서구 사회가 왕정을 무너트리고 시민들을 통치하기 위한 제도로서 공화국을 만들었고, 기술발전, 산업화와 세계 제국주의 경쟁으로 두 차례 세계 대전을 거쳤다. 그러나 1968년 이후 포스트모던 사회는 후기 근대화 시대로서 전체주의적이고, 권위주의적 산업시대의 계급 구조를 깼다.

계급이 깨지고, 다양성을 받아들이는 것은 평등사회 가치를 추구하는 것이고 인간 존중을 기반으로 하는 사회제도 전환을 가져왔다. 다양성을 존중하고 평화를 지향하는 흐름은 근대화시대 벌어진 전쟁과 인간을 도구화하는 것에 대한 반발이고 전쟁잔혹성에 대한 반성이었다.

근대화 과정과 후기 근대화 과정이 겨우 한 세기라는 짧은 시기에 중복적으로 이뤄지다 보니 시대를 구분하기 쉽지 않다. 더구나 68 혁명을 이루는 시기 한국사회는 군사독재 정권시절이었고, 베트남 전 참전을 하면서 철저하게 외부의 변화흐름을 알기 어려웠다.

## 식민지엘리트 집단

식민지 경험에서 비롯된 왜곡된 근대화와 외세 의존적 사고로 인해 자주성과 노동권이 훼손해왔다. 식민지 시절 지배국의 사고 방식을 피지배국 상층부는 외세에 의존한 사대적 외교와 반 노동 정책을 지속해 왔다. 이는 자국의 이익보다 외국의 이익을 우선시 하는 정책으로 나타나며, 강대국이 식민지 관료를 양성해 친화적 인 정책을 펼치도록 만든 구조에서 기인한다.

미국과 일본은 자국의 이익을 위해 유학생과 관료를 키웠고, 이 들은 식민지 지배 체제를 강화하는 데 결국 일조하게 된다. 일본에 포섭된 김옥균은 근대화의 본질을 이해하지 못한 채 일본 산업화 를 동경하며, 민중 스스로 깨우친 동학 혁명과 같은 근대화 시도를 억압했다. 이는 외세에 의존한 근대화의 한계를 보여주는 사례다.

지금도 외국에서 교육받은 관료들은 자신이 혜택 받은 외세의 이익을 대변하는 경향이 높다. 더구나 이들이 외교 등 주요 요직에 있다 보니 외세에 의존하는 정책을 펼치거나 상대국 이익을 우선 하게 된다.

이런 현상은 식민지를 겪었던 나라에서 보편적으로 나타난다. 이런 이유로 식민지를 겪은 나라들은 일정 수준을 넘지 못하는 성장에 머무른다. 따라서 자주성과 종속관계를 벗어난 독립적 정치외교를 할 수 있는 단계가 될 때 국가는 성장한다.

## 제국주의 종교

전체주의는 지배를 효율적으로 관리하는 방식으로, 전체주의 특성을 지닌 종교를 적극 이용해 피지배국을 가스라이팅 한다. 제국주의 국가들은 식민지 확장을 위해 종교를 먼저 침투시키는 전략을 사용했고 당연 한국도 예외는 아니었다. 특히 미국은 기독교를 통해 한국에 영향을 미쳤으며, 일제강점기에는 일부 기독교인가 친일에 적극 협력했다.

### <대회선언문>
현하 아국 시국의 중대성에 감하여 국시를 체(體)하며 국민정신의 진작을 도(圖)함은 가장 긴급사임을 인(認)하고 자에 일층 전도에 정진하여 황국신민으로서 보국의 성(誠)을 치(致)하기를 기함

### <구호>
"40만 십자가군병들아, 다 같이 일어나 총후보국의 보조를 맞추자"

경성기련의 조직으로 교회지도층이 무너지자 지방교회들도 무너지기 시작하면서 각종 시국 좌담회, 국방헌금 헌납 등 친일관련

활동은 줄을 이었다.

일제강점기 기독교는 일제에 협조를 하며 "신사, 기독교 교리에 어긋나지 않는다"는 선언 및 기미가요와 '황국신민 서사'를 제창한 뒤에야 찬송가를 부르고 설교하는 형식의 예배(동방요배)를 했다. 설교 후엔 일본군 장병과 동양 평화를 위한 묵도도 이어졌다.

그러나 미군정 시절, 기독교는 한국 사회에서 비극적인 사건인 제주 4.3 학살의 포함한 갈등에 깊이 얽힌다.

기독교는 한국 사회에서 긍정적 및 부정적 영향을 동시에 주었다. 긍정적으로는 초기 선교사들이 독립 정신을 고취시키고 민주주의의 씨앗을 심었으나, 부정적으로는 친일과 친미로 전환하면서 전체주의 정당화를 만드는 데 가속역할을 했다.

일제강점기, 일부 기독교 단체는 일본에 협력했으며, 해방 후에는 미국 기독교의 영향을 받으며 성장했다. 그러나 이 과정에서 기독교는 정치와 밀접하게 결합되었으며 오늘날의 극우집회를 주도하는 세력이 되었다.

## 무너져야 할 계급

세상은 때로 진보하고 때로 후퇴하지만, 긴 시간의 흐름 속에서 분명히 진화해왔다. 지금 우리 시대는 19세기 제국주의와 식민지 협력자들로 이어진 권력집단과 21세기 각성한 시민들 간의 대결이 지속되고 있다. 기득권을 강화하는 레거시 언론이 왜곡된 관점의 기사를 생산하며 시민들의 사고를 통제해왔지만, 이제는 자각하는 시민들이 늘어나고 있다.

우리 사회의 교육은 역사와 사회 현상을 늘 기득권 중심으로만 가르쳐왔다. 대학에는 경영학과와 경영대학원이 존재하지만, 대다수 시민이 노동자로 살아가는 현실 속에서 노동학이나 민주주의 인문학에 대한 교육은 찾아보기 어렵다.

노무현 대통령 시절, 그는 검찰 개혁을 소통을 통해 이루고자 했지만, 당시 검찰은 대통령의 고졸 학력을 문제 삼으며 그를 비웃는 모습을 보였다. 이는 한국 사회 교육 엘리트와 검찰 기득권의 단면을 보여준다. 검찰은 전근대적 검사 동일체 논리를 바탕으로 정치 집단화되었고 서울대 출신 최악의 검찰 대통령을 만들어냈다. 그럼에도 소년공 출신으로 변호사가 된 야당 대표를 사법재판과 언론 기득권이 악마화하고 있다.

빠른 변화의 선두는 IT분야이고, 정말 치열한 기술 경쟁이 벌어지는 분야다. 이곳에서는 학력보다 실력이 우선시되며, 고졸 개발자들이 높은 연봉을 받는 사례도 늘어나고 있다. 반면, 오래된 대기업 조직 혹은 공기업에서는 학벌, 지역 출신, 선후배 등으로 얽힌 패거리 문화가 여전히 만연하다. 조직 개편으로 임원이 자리를 옮기면 그를 따라 이동하는 직원들은 개인의 업무 능력보다는 줄세우기 문화에 의존한다. 승진 같은 성장과 성과도 실은 패거리 유지를 위한 도구에 불과하다. 임원이 되려면 정치권과 연결고리가 없으면 안 된다는 이야기를 당연시 여긴다. 결국 무너질 수밖에 없는 구조인 것이다.

우리사회는 서열화와 계급화, 차별과 경쟁이라는 굴레를 넘어 인간 본질을 돌아보는 사회를 추구해야 한다.

## 전쟁자체가 악이다 거룩한 이름이 붙여질수록

전쟁은 지구촌 곳곳에서 끊임없이 벌어졌다. 특히 명분도 없이 전쟁이 일어난다. 이러한 흐름은 산업사회의 특징이기도 했지만, 탐욕을 숨긴 채 이데올로기를 핑계로 전쟁을 했다.

과거 미국의 이라크 침공을 비롯해 러시아 우크라이나 전쟁과 이스라엘의 팔레스타인 학살과 주변국과 확전을 보면 정말 전쟁은 잔혹할 뿐이다. 강대국 제국주의 국가들은 전쟁을 통해 이익을 볼 수 있는 구조다.

영국은 유대인 자본의 힘을 활용해 미국을 참전시키려고 벨푸어 선언(1917년 11월)을 통해 제1차 세계대전으로 1920년부터 지배하던 점령지인 팔레스타인 지역을 유태 국가를 만들어 주려고 했다.

그런데 벨푸어 선언보다 2년 전인 1915년 그 지역에 살던 아랍 민족에게 팔레스타인 땅 독립을 보장하기로 약속한 '맥마흔 선언'과 상충된다. 영국은 유태인과 아랍인들 모두에게 이중으로 약속을 하다 갈등이 심해지자 유엔에게 분쟁 해결을 위임하였고 1947년 유엔이 이 지역을 분할할 것을 제안 후 현재까지 내전으로 이어졌다.

세계 2차 대전으로 나치에 의해 학살당하던 유태인들이 새로운 나라를 세웠으나, 이들은 팔레스타인 사람들을 유태인을 탄압한 나치처럼 탄압했다.

팔레스타인은 그동안 인위적으로 만든 국경선으로 마치 감옥처럼 봉쇄되어 생존이 힘든 고통을 받아왔다. 이스라엘은 오늘날 팔레스타인 무장단체 하마스의 공격을 빌미로 팔레스타인인들에 대해 인종청소를 벌이고 있다.

신의 이름으로 살인과 전쟁을 하는 이스라엘, 팔레스타인의 전쟁. 폭격에서 수많은 생명이 죽어간다. 한편으로 서구 국가는 전쟁을 방조하는 모습을 본다.

조각가 박상희 작가는 종교의 이름으로 저지른 인류의 잔혹함과 폭력성을 작품으로 보여주면서 불의의 권력을 향해 예수가 총을 들게 한다는 것을 표현했다.

한국사회의 수구집회에서 종교를 내세우면서 온갖 저주의 말과 욕설이 난무한 설교들이 나온다. 한강 작가는 제주 4.3의 경우 서북청년단이 기독교인이 대부분이었던 것을 그의 소설로 고발한다. 제주 4.3과 4.19혁명에서 그리고 5.18 광주 민주화 운동에서 죽은 양민, 학생, 시민들, 그리고 보도연맹사건으로 골짜기에 끌려가서 죽은 사람들, 아군 폭격에 죽어간 사람들 이 땅에 있었던 수많은 죽음이 동족에 의한 죽음이었음을 생각하면서 폭력성에 대해 생각해 본다. 인간 외에 어떤 생명체도 자신과 같은 동족에 대한 대량 학살을 하는 경우는 없다.

역사 속 인간은 폭력적이다. 그런데 모두가 전쟁을 원하는 것이 아닌 소수의 기득권에 의해 전쟁이 일어난다. 겉으로는 그럴듯한 이데올로기와 명분으로 포장이 된 전쟁이란 탐욕과 패권 그리고 돈 문제다. 그런 전쟁에 대해 우리는 지지해야 할까?

박상희 작가의 총을 든 예수

# 7. 콩나물 길들이기

## 콩나물 이론

해병대 박정훈 대령은 자신의 임무를 완수하고도 항명 협의로 재판을 받아야 했다. 이것은 직장인들이 조직에서 흔히 겪는 불합리함과 맞닿아 있다.

나 역시 30년 가깝게 조직문화에 길들여져 있다. 기업의 특성에 따라 다르겠지만, 한국사회는 조직에 순응하는 사람을 우대한다. 이런 특징은 대다수 직장생활을 해온 사람들은 공감할 수 있을 것이다.

내가 처음 혜화 전화국에서 신입사원으로 발령받았던 시절 나와 같이 발령받은 발령 동기 선배가 있었다.

그 선배는 나에게 잘해주셨기에 항상 좋은 이야기를 해주곤 했다.

그러다 보니 다년간 회사를 경험해 보고 느낀 바, 회사생활에 잘 적응하기 위한 이론을 만들어 나에게 알려줬다.

그것은 콩나물이론이다. 콩나물이론은 너무 빨리 자라면 가장 먼저 뽑힌다고 한다. 대신 너무 뒤처지면 경쟁에 밀려 죽는다. 따라서 중간이 가장 좋다고 한다. 즉 회사에서는 중간이 좋기에 적당하게 눈치 보며 살아야 직장에서 잘 버틴다고 한다. 또한 승진은 항상 라인을 잘 타야 한다고 했다.

당시 그 선배의 생각을 비난하려는 것이 아니라, 수직적 기업문화에서는 불가피하게 많은 이들이 길들여져 왔다는 것이다. 눈치 보는 구조는 실력보다 사내정치를 위한 패거리주의에 매몰되도록 만든다. 이런 상황이 실질적으로 보이지 않는 곳에서 일하는 엔지니어 보다는 높은 사람에게 잘 보이는 중간관리자만 돋보이는 구조를 만들어낸다.

사내정치가 만연한 조직에서는 기술자는 천대받기 쉽다. 그런 결과 내가 알고 있는 많은 기술자가 해외이민을 선택하는 것을 봤다. 왜냐하면 외국은 더 좋은 대우를 그들에게 해주기 때문이다. 결국 수직적 구조 속 무능하고 약화된 조선말기 사회처럼 개혁하지 못하는 시대가 되어가는 것을 볼 수 있다.

이사벨라 비숍 여사가 19세기 조선을 다니면서 착취구조에 있는 조선인과 달리 연해주로 탈출하여 착취구조를 벗어난 조선인들의 협력하고 상생하는 모습을 좋게 보았던 것처럼 나 역시 해외사업을 하면서 해외에서 빛을 발하는 우리 직원들을 만난 경험이 있다.

우리 직원들과 해외 파견하여 일하다 보면 인력 문제와 상대국과 협상하기 위해 수평적 구조에서 일을 할 수밖에 없다. 그러면서 발견한 것은 한국에서 딱딱한 조직에서 일하던 틀을 벗어나면서 오히려 자율적이고 활발한 모습을 볼 수 있었다. 그러다 보면 놀라운 능력을 발휘하는 직원들의 다른 모습도 종종 본다.

상명하복 문화가 가진 계급적 특징은 공적 조직부터 기업 전반에 모두 깔려 있다. 직장생활을 하는 사람들은 당연하게 생각하는 상명하복 조직문화가 세계 속에서는 결코 일반적인 것이 아니다.

## 수직적 조직은 이제 그만

공무원 조직과 기업 조직에서 공통적으로 나타나는 수직적 의사결정 구조는 단순히 민족성이나 보편적 현상으로 설명하기 어렵다. 이 구조는 두 가지 본질적인 요인에서 비롯되었다.

첫 번째 요인은 일제강점기 동안 형성된 식민지 조직 문화의 잔재다. 우리는 식민지 시절, 관리 위주의 통제 조직만을 경험할 수밖에 없었다. 해방 후, 미군정이 일제가 구축한 산업체계를 적산기업으로 분류하여 분배했는데, 이 과정에서 일본에 협력했던 조선인 관리자들이 일본자금을 넣어 소유했고 또 소유와 경영이 분리되지 않고 비과학적이고 일방적 경영을 했다.

이로 인해 식민지 시절의 관리 구조는 해방 후에도 이어지며 공적 조직과 대기업의 조직 문화에도 그대로 이어졌다.

두 번째 요인은 생산 중심 산업구조다. 한국 경제는 제조업 중심으로 발전했으며, 이는 노동력을 단순한 자원으로 간주하는 경향을 강화했다. 이러한 산업구조는 일본 메이지 유신 당시의 상황과 유사한데, 당시 일본은 수직적 명령 체계 속에서 제조업과 병영 국가 체제를 구축했다. 일본의 산업화는 민중이 주도한 근대화가 아니라 상명하복식 통제 체제로 진행되었으며, 해방 후 지금까지 한국사회 전반에 영향을 미쳤다.

상명하복, 갑을문화는 군사독재 시기에도 그대로 이어졌다. 박정희 정권은 일본의 메이지 유신을 모델로 삼아 10월 유신이라는 이름으로 독재정치를 강화하고, 강압적 산업화를 추진했다. 이 과정에서 노동력을 도구화하고 폭압적으로 통제했던 일제의 식민지 노동 시스템과 유사한 방식으로 유지되었다. 지금도 인간 존중의 가치를 상실한 채 강제노동과 대규모 해고가 빈번히 발생했고, 경영진은 인력구조 조정을 통해 막대한 이익을 누렸고 소비자와 국가경영은 선진화 되지 못했다.

이는 공적 조직과 대기업뿐 아니라, 하청 업체와 도급업체에도 영향을 미쳐 모든 산업 주체들이 수직적이고 통제 중심적인 조직 문화를 유지하도록 만들었을 뿐 아니라 노동자를 감시와 통제의 대상으로 여기며 노동자의 의욕을 떨어뜨리고 노동효율성을 낮추었다.

이러한 특성은 한국사회 오래된 기업들에서 확인된다. 과거 체신부에서 이어진 한국통신의 2006년 이후 오늘날까지 구조조정 사례를 보면, 관리자들은 직원들에게 폭력적이면서 통제적 태도로 일관했다. 특히, 조직개편 과정에서 자괴감에 상처받은 직원들의 자살이 과거에도 오늘날까지 죽음의 행렬로 이어지고 있다.

이는 일본 식민지 시절 감독관의 방식과 유사했다. 이러한 관리형 조직 문화는 불필요한 비용을 초래하고 협력적 환경을 저해하며, 기업의 혁신을 가로막는 원인이다.

결론적으로, 한국 사회의 수직적 의사결정 구조는 식민지 조직 문화와 산업구조에서 비롯된 역사적 산물이다. 이를 극복하려면 철지난 과거관행과 구조를 버리는 선택이 필요하다.

## 생존권 박탈시대 IMF를 다시 보다

한국에서의 민주화 운동과 1987년 6월 민주항쟁, 7월 노동자 대투쟁을 통한 민주주의 쟁취와 분배의 확대를 통한 중산층 확대로 나타난 내수 경제적 성장 등이 나타났다.

87년 6월 항쟁과 88년 올림픽 이후 시민에게 정치적 자유와 권리, 개인의 인권에 대한 인식이 확대되는 시대를 열게 되었고, 민주주의에 대한 국민적 합의와 집단적 투쟁의 중요성을 일깨웠다. 1987년 하반기에는 노동자 대투쟁이 있었고, 이시기를 통해 노동자의 보수가 높아지면서 중산층은 확대되고 삶은 향상 되었다. 87년 이후 10년 동안의 중산층 확대는 1997년 IMF로 좌절을 맞이한다. 이 시기를 지나면서 부익부 빈익빈으로 계층 간 소득격차가 커지면서 사람들은 도전보다 안전한 일만 추구하는 경향이 생긴다.

IMF 외환위기 이후 구조조정 전문가들이 우대 받는 문화가 형성되었다. 구조조정 경영전문가로 신자본주의를 지향하는 세력들은 구조조정 결과물을 내면서 높은 연봉을 받았다. 또한, IMF 시기 단기 성과급 중심의 임원 제도가 정착되면서 장기 비전을 가진 지속가능 경영의 실종을 불러 왔다.

혁신을 이루지 못하는 경영자는 기술 인력을 하청 구조로 내몰고, 장기적 경쟁력을 약화시키더라도 회계 상 단기 실적을 좋게 만들고 경영성과로 포장한다. 그러다 보니 주주자본주의에서는 임원들이 높은 연봉을 보장받기 위해 단기적 구조조정에 의존하는 사례가 반복되었다.

IMF를 겪으면서 반복되는 구조조정으로 한국사회는 또 다른 산업변화와 사회 계층이동을 만들어 낸다. 즉 월급사업자보다 자영업자가 급격하게 늘어난다. 그 결과 우리나라는 OECD국가 대비 2~6 배 이상 비율의 자영업자 과다 상태가 되었다

자영업자로 지내다 보면 95% 이상이 손해를 본다. 그래서 자영업자 들은 모아서 투자한 퇴직금 저축을 다 날리고 오히려 가계부채를 크게 지고 개인파산에 이른다. 하층민으로 전락한 중산층의 경험은 자식들에게 혹은 자기 스스로도 안전한 일만 추구하는

경향이 생긴다. 안타까운 것은 이 시대 IMF를 겪은 세대는 1987년 민주화를 경험한 세대들이었지만 그런 민주화 의식에 대해 자식들 세대로는 이어가지 못했다. 여전히 자식세대에게는 서로 경쟁하고 좋은 대학에 가서 보장된 일만 강요하는 시대를 만들었기 때문이다.

그럼에도 IMF 시대는 정보통신의 발전을 가져온 시기였다. 많은 좌절 속에서 정보통신 투자를 통해 한국사회는 기존에 없던 산업생태계가 만들어졌다. IT분야와 영화 및 음악 등 새로운 산업의 성장은 IMF를 딛고 나름의 성장을 하게 되는 계기가 되었지만 한국사회는 뿌리 깊은 수직적 지배구조와 계급적 구조는 오히려 공고해졌다.

기업은 혁신을 위한 조직구성이 아닌 노조관리를 위해 더욱 많은 비용을 쓰는 구조가 이어지고 있다. 이런 현상들은 노동의욕 상실과 혁신 못하는 활력 잃은 기업으로 전락된다. 결국 사회 전체적으로 힘든 일을 아웃소싱하고 저임금으로 내몰아 버리는 착취구조에서 젊은이들은 공과대학을 기피하고 의대나 공무원 같은 안정적인 일자리만 찾는 퇴행 경제구조가 되었다.

# 경영 참여 노동자, 경영자의 친구다

기업의 구조적 문제는 경영진과 현장 간의 단절에서 비롯된다. 많은 임원들이 현장 경험이나 기술적 노하우가 부족해 실질적인 혁신 방향을 이해하지 못하며, 중간관리자의 보고에 의존해 기업을 운영한다. 이는 조선시대의 사농공상 계급처럼 관리 계급과 노동 계급 간의 수직적 구조를 유지시키고 있다.

메타 최고경영자(CEO) 마크 저커버그는 기술 기업들에 대한 기술 리더십의 중요성을 강조하면서 경영진들이 전문지식이 부족하면 선진 기술회사가 아니라고 말했다.

경영진들이 현장을 잘 모르고 기술능력이 없으면서 비전 없는 단기성과로 인정받으려는 경영 방식은 경쟁력을 약화시키고, 품질 저하를 초래한다. 그러나, 독일과 실리콘밸리의 사례는 노동자와 경영자가 협력하는 수평적 구조와 현장 전문가 중심의 문화가 기업 혁신의 핵심임을 보여준다. 독일의 노동이사제는 노동자가 경영에 직접 참여하도록 보장하는 것이 오히려 기업의 지속 가능성을 높이고 혁신을 촉진한다.

한국은 노동조합의 조직률이 2022년 기준 13.1%로, OECD 평균(27.9%)보다 낮다. 이는 노동조합이 경영의 협력 대상이 아닌 통제 대상으로 여겨지는 현실을 반영한다. 노동 이사제와 같은 제도를 도입해 노동자의 경영 참여를 확대하고, 경영진과 노동자 간의 관계를 재구성해야 한다.

기업의 생존과 혁신은 경영진의 단기적 이익 추구가 아니라, 노동자와 소비자 등 이해관계자 모두의 참여와 협력을 통해 가능하다. 노동자를 도구가 아닌 협력의 주체로 인정할 때, 한국 기업은 진정한 경쟁력을 확보할 수 있을 것이다.

## 길들여지지 말자, 사랑하기에

오랜 동안 수직적 경영구조가 지속되면 노동자도 커플링 되어 수직적 관계에 길들여진다. 공무원 사회 특징이라 할 수 있는 수직적 문화는 기업내부에도 그대로 남아있다. 자신의 역할을 중심으로 소통하는 것이 아닌 상급자가 명령하는 것만 하면 된다는 의식이 팽배해지기 쉽기 때문이다.

그래서 공무원사회는 수장이 바뀌면 완전히 다른 조직이 된다. 기업에서는 소수의 낙하산 임원이 오거나, 정권이 바뀌면 왜곡된 경영을 하거나, 잘못된 국가운영을 하게 된다.

한국사회에 발생하는 많은 조직 리스크의 대부분은 구성원이 아닌 부정적인 권위 경영자들에 의한 잘못된 판단으로 나타난다. 구성원들은 불합리한 명령에 대해서는 논리적으로 거부할 수 있어야 하며, 리스크를 막기 위해서는 경험이 쌓인 이들의 집단지성기반 결정 과정이 필요하다.

결국 건전한 조직을 위해서는 직급에 따른 상명하복 의사결정이 아닌 자신의 역할로 구성원 모두가 의사결정에 참여 하는 구조가 요구 되며 앞서 이야기한 독일의 임무형 전술을 받아들인 조직 및 기업의 특징이다.

상명하복 구조에서는 책임질 일을 하는 것이 두렵고 나설 필요도 없다고 생각하기 쉽다. 회사에서는 조직 내에서 책임지지 않는 수준의 일만 한다. 복지부동이란 표현으로 자주 사용하는 현상이다.

이에 대해 외상센터의 전문의 이국종 교수는 한국사회 심각한 문제라며 "제가 바꿀 수 있는 판이 아닌 것 같아요. 모두 뒤집어엎어야 할 것 같다"고 분노하면서 숭례문 방화 사건을 예로 든다.

이국종 교수의 분노는 우리사회에 대한 깊은 애정이 있기 때문일 것이다.

숭례문화재 때 분명 화재를 막기 위해서는 건물로 들어가서 문화재이지만 불길이 옮겨지는 것을 막기 위해 문화재 일부를 파손시켜야 했다고 한다.

그러나 그렇게 할 경우 소방대원은 문화재 파괴에 대한 책임을 지게 되기에 외부에서 호수로 숭례문 기와에 물만 뿌릴 수밖에 없었다고 한다.

문제적 현상들은 수직적인 구조로 이뤄지는 모든 조직과 기관에서 공통적으로 나타난다. 각자가 책임을 지지 않는 이유는 수직적 지배력이 가장 크게 조직관리 목적으로 이뤄지기 때문이다. 각자의 목소리를 내지 못하는 조직의 특성이 바로 조직을 책임지지 않는 구조로 나타난다.

수익을 내고 혁신이 필요한 기업의 경우는 더욱 과거 수직적 경영방식을 벗어나서 노동자, 경영자, 그리고 주주 소비자 모두 성장하기 위해서는 모든 이해관계자 경영이 필요하다.

인공지능 발전 등 구성원의 창의성이 중요한 시대 일제강점기 식민지 잔재로 남아 있는 상명하복식 경영은 더 이상 맞지 않다. 이를 위해서는 서구사회처럼 노동이사제와 같은 제도를 통해 노동자의 경영참여가 필요하다.

기업 구성원 모두가 한 배를 탄 사람들이라는 관점에서 생각한다면 노동자 역시 스스로 역할에 대한 책임 강화와 함께 기업운영에서 적극 참여하고 목소리를 내야 한다. 노동자 역시 과거처럼 수동적으로 길들여져서는 안 된다.

## 벼랑 앞에 선 다수의 코리아 자영업자

2024년 기준, 한국 사회에서 자영업자를 포함한 비 임금 근로자의 비중은 경제협력개발기구(OECD) 회원국 중 7위로 23.5%를 차지하며 상위권에 속한다. 이는 미국의 세 배를 웃돌고, 일본과 비교해도 두 배 이상 높은 수치다. 그러나 이들 중 75%는 월 소득 100만 원에도 미치지 못해 최저임금 이하의 소득으로 생활하고 있다.

새로운 노동 환경에서는 고용된 노동자와 자영업자 간의 경계가 점점 모호해지고 있다. 과거에는 명확히 임금 노동자와 자영업자로 구분되었으나, 이제는 특수고용 노동자, 프리랜서, 1인 자영업자와 같이 중간에 위치한 새로운 노동 형태가 등장했다. 이들은 노동자에 준하는 인적 용역 서비스를 제공하고 대가를 받지만, 비정규직 노동자보다도 열악하게 살고 있다.

기업들은 비용 절감을 위해 이들을 정식 노동자로 고용하는 대신 개인사업자로 계약을 맺고 수당을 지급하는 방식으로 거래를 단순화하고 있다. 별도로 사회보장이 약한 한국사회에서 대기업을 벗어난 취약한 노동은 플랫폼 기업들이 내놓은 시간차 노동 플랫폼 확산과 맞물리며 비정규 노동 현상을 더욱 확대시키고 있다.

한국에서 자영업자 비율이 줄어들지 않는 이유는 특수고용 노동자와 프리랜서 등 경계선에 있는 노동 형태가 꾸준히 늘어나기 때문이다. 이들 중 다수가 자영업자로 편입되며 결과적으로 자영업자의 비율을 높이는 구조를 형성하고 있다.

한편, 전통적 자영업자들은 과도한 경쟁과 소비자의 구매력 감소로 인해 판매가 부진하고, 높은 임대료로 인해 생존의 위기를 겪고 있다.

노동자와 자영업자의 경계가 점점 희미해지는 시대, 최저임금이 노동자에게 적용된다면 자영업자들에게도 "최저이익 보장제도"를 도입하여 자영업자들이 재기할 수 있는 기회를 마련할 필요가 있다. 최저이익 보장제도는 일정기간을 두어 자영업자들에게 최저이익을 보장하게 만드는 제도로서 자영업의 어려움을 알던 민들레영토를 운영한 지승룡 대표의 아이디어이다.

## 기업과 산업 발전의 한계

1997년 IMF 사태를 겪으며 노동 환경의 양극화 속에서도 정보통신 산업과 콘텐츠 산업 같은 분야가 새롭게 태동하게 되었다. 이 새로운 산업들은 기존과 다른 방식으로 발전했으며, 수평적이고 자율적인 의사결정을 선호했다. 많은 IT 기업은 직급 체계를 폐지하거나 간소화하려는 시도를 했지만, 기존 산업 구조와의 융합 과정에서 많은 갈등을 겪었다.

기업에 취업도 어렵지만, 입사 후에도 젊은 세대가 빠져나가는 현상이 두드러지고 있다. 이는 젊은 세대의 문제라기보다는 기존 조직이 새로운 변화를 수용하지 못하기 때문이다. 임원 중심의 수직적 구조에서는 실무자의 경험과 문제 제기가 무시되는 경우가 많다. 조직은 단기적 성과에 치중하며 장기적인 혁신과 생태계 구축에는 소홀하다. 외부에서 스타급 임원을 영입해도 소통 능력과 역할 수행 능력이 부족한 경우가 많아 실질적인 변화를 이끌지 못한다.

## 참새가 타고 가는 무지개

나는 새로운 도전을 하려는 창업자 스타트업 경영자들을 언제나 응원한다. 그들에게 기존기업의 단점을 알려주고자 한다. 이러한 단점과 약점을 알고 기존기업을 넘어서는 전략으로 기존 기업을 무너트리는 도전을 했으면 한다.

한국 사회의 기업 구조는 산업 시대의 수직적이고 권위적인 특징을 여전히 유지하고 있다. 이는 정보화 시대와 디지털 전환을 요구하는 현대 사회의 요구에 부합하지 않는 구조로, 창의성과 혁신을 가로막는 주요 장애물로 작용하고 있다.

특히, 정보통신 산업을 주도하는 경영진 대부분은 산업 시대의 경험만을 기반으로 하고 있으며, 디지털 전환이라는 이상을 말하면서도 실질적으로는 산업 시대 사고방식을 고수하고 있다.

또한, 기업내부 문화 역시 오래된 공기업에서 출발하거나 재벌 중심으로 형성된 탓에, 수직적이고 폐쇄적인 조직 문화를 유지하고 있다. 여기에 최악은 조직 내 서열문화와 학벌주의가 지배하는 구조 속에서는 변화를 주도할 인재들을 찾기 어렵고 능력도 떨어진다. 그것이 한국사회가 어느 순간 더 이상 발전을 못하고 쇠퇴하는 이유다.

따라서, 그동안의 발전 한계를 극복하기 위해서 기업은 장기적 비전을 기반으로 전략을 수립하고, 이를 뒷받침할 수 있는 조직 구조를 갖추어야 한다.

특히, 실질적인 의사결정을 위해 현장의 경험을 적극 반영해야 한다. 기술회사에서는 대표나 임원이 기술과 사업 분야 모두에서 풍부한 경험과 전문성을 갖춘 사람이어야 함은 기본 원칙이다.

조직문화는 구성원의 배경과 상관없이 변화를 이끌어낼 수 있는 환경을 제공하고, 계급에 얽매이지 않고 누구나 권한을 가질 수 있을 때 발전할 수 있다. 현장의 경험을 경영에 반영함으로써 조직은 변화와 혁신을 추구할 수 있으며, 수직적 구조에서 벗어나 직원의 자율성과 권한을 중시하는 수평적 조직 문화를 형성하는 것이 중요하다.

새로운 산업을 개척하려는 기업은 상하관계에 얽매이지 않고 모든 구성원이 변화를 주도할 수 있는 환경이 마련될 때 성장이 가속화된다. 또한, 누구나 조직 내에서 자신의 의견을 자유롭게 표현하고 비판할 수 있을 때 조직은 안정성과 지속 가능성을 확보할 수 있다.

작은 참새가 무지개를 타려는 도전은 스타트업 창업자의 여정과 닮아 있다. 처음에는 불가능해 보이지만, 끊임없는 시도와 실패를 통해 기회를 찾아 나아간다. 무지개처럼 성공이 실체가 없을지라도, 그 과정에서 얻는 경험과 성장은 현실이 된다.


따라서 스타트업 창업자들에게는 기존 기업들의 약점들을 잘 파악하고 새로운 조직을 갖추어 두려워하지 말고 도전하기를 원한다.

그리고 도전하려는 자는 작은 가치가 아닌 인류를 위한 더 큰 가치를 추구해야 한다. 그래야 같은 뜻을 가진 동지들이 모여들 것이다.

# 불쌈꾼과 뗏꾼의 동행

한국사회는 높은 건물과 산업발전 등 겉으로는 높은 경제성장을 이룩한 것처럼 보인다.

한때는 마치 선진국이 된 것 같은 착각도 해왔지만 어느 순간 우리의 한계를 보았다. 또한, 민주주의 시스템과 사회 경제 시스템도 한순간 붕괴될 수 있다는 것을 확인했다.

무엇보다 오늘의 문제는 과거 역사적 토대에서 만들어진 구조에 영향을 받고 있다는 것을 인식할 필요가 있다. 세상은 절대 그냥 좋아지지 않는다. 각자의 자리에서 보다 치열하게 변화를 꿈꾸고 행동해야만 한다.

# 1. 어느 세상에 사는가?

세계는 글로벌 기후위기와 경제 갈등 위기, 전쟁위기를 겪고 있다. 그러는 한편 인류는 인공지능 기술 발전 등 새로운 변화를 맞이하고 있다. 기술의 변화는 분명히 사회의 변화를 이끌 것이다.

소설가 한강은 한국사회 아픔인 제주4.3 및 광주5.18과 같은 국가 폭력 트라우마를 소설로 전 세계에 알리며 노벨문학상을 받게 되었다. 그럼에도 한국사회는 여전히 온전히 변화된 시대를 받아들이지 못하는 시민들도 존재한다.

또 다른 노벨화학상과 노벨물리학상은 인공지능을 통한 혁신적 신약 개발로서 인류 한계를 넘어설지 모르는 세상에 살고 있지만, 2024년 한국사회는 이채양명주(이태원 참사 책임, 채 해병 사망 수사외압, 양평고속도로 노선변경 비리, 영부인 명품수수, 영부인 주가조작)로 대표되는 권력 중심의 비리와 혼탁함과 정의롭지 못함이 만연한 세상이 되었다. 국회정론관에서 이채양명주 시민연대를 발족할 때 단순한 정권 문제가 아닌 한국사회 단면을 보여주는 사건들이라고 말했던 기억이 있다. 견제되지 않는 권력은 사회전반의 상명하복 조직문화 토양에서 커진다. 따라서 상명하복이 아닌 사회변화를 통해 견제 가능한 권력구조를 만드는 것이 해법이다.

결국 이를 풀어갈 주체는 시민들로서 68 혁명 당시 "모든 정치 투쟁의 최전선은 내 안에 있다"처럼 우리 인식부터 바꿔나가야 한다고 나는 말했다.

## 깨 시민과 집단지성

한국 시민사회에서도 정치적 문제 비판은 오랜 시간 변화의 원동력이 되어 왔다. 그러나 구조적 문제에 대한 의문은 상대적으로 부족했다. 예컨대, 2017년 촛불집회에서도 무능하고 부패한 정치 세력을 심판하기 위한 움직임에 비해 사회 구조 자체에 대한 비판은 드물었다.

한국은 과거 산업화와 서구식 민주주의 도입 과정에서 근본적인 사유의 기회를 놓쳤다. 우리의 교육과정은 식민지 잔재로 인해 경쟁 위주 교육구조를 고수하며 역사 교육은 축소하고 제한된 정보만을 제공했다. 해방 후 친일 기득권 세력은 농지개혁을 회피하며 사학 재단을 설립해 자신들의 관점을 주입했다.

정보통신 기술의 발전은 과거 인식의 틀을 깨트리는 역할을 하며 개인 간 수평적 소통을 가능하게 했으며 집단지성을 탄생시켰다. 깨어있는 시민이라는 집단지성은 경험과 정보를 공유하며 스스로 진화한다. 따라서 우리 사회에는 주입식이 아닌 소통을 통해 주관자로서 집단지성을 만들어가는 시민교육이 필요하다.

## 보이스텔스바흐 합의가 뭐지?

한국의 교육은 시민교육과 노동교육의 부족으로 비판받고 있다. 학생들은 민주시민으로 성장하기 위한 필수적인 교육을 제대로 받지 못하고 노동자의 권리에 대해서도 배우지 않는다. 특히, 교사들의 정치적 표현과 노동조합 활동을 제약하는 환경은 교사와 학생들에게도 영향을 미친다.

반면, 독일 같은 나라에서는 초등학교부터 정치와 경제 교육을 중점적으로 가르치며, 학생들이 사회문제를 스스로 분석하고 판단할 수 있도록 돕는다. 노동교육도 적극적으로 이루어져 모의 노사교섭 수업이나 단체교섭 전략 교육이 포함된다. 한국이 참고할 만하다.

독일의 정치교육은 경우 "보이스텔스바흐 합의"를 중심으로 학교, 군대, 정치단체 등에서 진행된다.

수많은 논의과정을 거쳐 이 합의는 1976년 바덴뷔템베르크 주 정치교육원이 보이텔스바흐라는 곳에서 개최한 학술대회에서 독일의 정치교육단체와 기관들이 학생교육의 공동지침을 마련하는 것에서 출발했으며 다음과 같은 3원칙으로 구성되었다.

## 보이스텔스바흐 합의(Beutelsbacher Konsens) 3원칙

1. **정치교육에서 주입 및 교화금지 원칙** : 가르치는 자가 자신이 의도하는 견해를 받아들이게 하기 위해 피교육생들에게 강요해서는 안된다.
2. **논쟁점 반영의 원칙** : 현재 사회에서 논쟁이 되고 있는 사안은 교실(교육)에서도 논쟁이 되는 것으로 다루어야 한다. 다만, 정치적 쟁점이 교육에서 다루어지되 어떤 일방의 입장만이 아닌 다양한 견해와 입장이 다루어져야 한다.
3. **학습자의 이해관계 고려 원칙** : 정치교육을 통해 피교육자들은 당면한 정치상황과 자신의 입장을 분석한 후 자율적으로 자신의 결론을 도출할 수 있는 능력을 배양 한다.

그동안 금기시 되어온 정치, 노동 등 주권자의 삶에 중요한 영향을 미치는 주제가 학교교실에서 소통되어야 한다.

그런 역사와 인문적 교육을 바탕으로 기술과 사회변화가 급격한 시대 누구도 소외되지 않는 세상을 만들어야 하지 않을까?

무엇보다 학교는 인간을 조직 속 경쟁하는 부품이 아닌 공동체에서 소통하고 협력하는 시민으로 키워야 할 것이다.

## 한국사회 구조

인간 존엄성을 강조하는 가치관과 기득권 유지를 목표로 하는 가치관. 사회 구조는 어떤 철학을 지향하느냐에 따라 크게 달라진다. 안타깝게도, 한국 사회는 상당 부분 기득권 중심의 가치관에 의해 운영되고 있다. 심지어 기득권이 아닌 대중조차 기득권 중심의 가치관을 따르는 모습을 보인다. 이는 한국사회 모든 구조가 기득권 중심으로 만들어졌기 때문일 것이다.

교육과 언론을 통해 대중에게 전달되는 메시지 역시 기득권의 메시지가 가장 큰 영향을 미친다. 먹고사는 삶이 바쁘고 여유가 없어 정치에 무관심할 수밖에 없는 대중은 언론에서 보여주는 대로 믿고 살아가며, 기득권이 만들어 놓은 구조 속에 갇혀 있다는 사실조차 인식하지 못할 때가 많다.

이런 정보 격차 속에서 우리 사회에는 왕조시대와 같은 전근대적 가치관을 가진 사람부터 현대적 민주주의를 지향하는 사람, 심지어 미래적 관점을 가진 사람까지 다양하게 존재한다. 시대를 인식하는 관점의 차이는 다른 정치적 지향점을 만든다.

정보 격차를 극복하고 우리가 중심을 가지고 사안을 보기 위해서는 한국사회 구조를 인식해야 한다. 현실은 과거에 형성된 구조의 영향을 받아 경제와 문화를 형성한다. 우리는 공동체가 추구하는 가치와 철학이 반영된 제도로 현실을 살아간다. 대중은 현재를 살고 있지만 과거라는 역사적 토대 위에 세워진 사회 구조 속에서 삶을 영위한다고 할 수 있다.

구조도를 그린 이유는 역사를 통해 우리 현실이 영향 받고 지향점에 따라 변화될 수 있다는 측면을 표현하기 위해서이다.

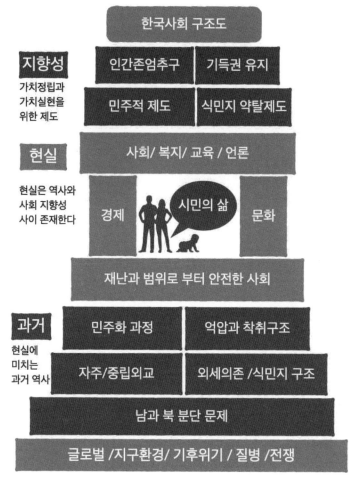

한국사회 구조도 〈지향성 / 현실 / 역사〉

구조도에서 가장 아래 환경과 같은 인류 문제 위에는 우리의 근현대 역사적 관점이 담겨 있다. 한국 사회의 억압과 착취 구조는 일제강점기부터 시작되었다. 이 구조는 대중을 단순히 노동과 소비의 대상으로 남게 하며, 이후 해방과 함께 등장한 미군정기와 6.25 전쟁을 통해 더욱 공고해졌다.

한국전쟁 이후 기독교는 한국 사회에서 반공이데올로기를 기반으로 강력한 기득권 세력으로 자리 잡았고, 독재 정권과 결탁하며 국가보안법 등을 통해 노동자와 사회운동가들을 억압하는 도구로 작용했다. 특히 남북 분단 문제는 분단을 통해 외세로부터 지원 받는 기득권 구조를 유지하는 데 이용되었다. 그동안 수많은 희생과 투쟁을 통해 한국 사회는 부분적으로 민주화를 이루었지만, 여전히 기득권 유지를 위한 서열 구조가 지속되어 왔다.

이를테면, 이명박 정부 시기의 교육정책은 기득권 강화를 목적으로 차별적인 특목고와 자사고 제도를 더욱 강화하며 사회에 영향을 미친 바 있다. 한편, 사회를 지탱하는 중요한 축은 경제와 문화이다.

경제는 삶의 기반을 제공하고, 문화는 인간으로서의 가치를 형성한다. 그러나 사회 구조적 변화는 분단 문제와 같은 보다 근본적 위협에 의해 쉽게 흔들릴 수 있다.

남북 분단은 한국 사회의 구조적 취약점이며, 분단 갈등이 심화

될 경우 사회 전체가 불안정해질 가능성이 크다. 한국사회의 분단 구조 유지는 외세가 우리 정치에 관여하는 원인이고 결과다.

이젠 누구든 부정 못할 친일 윤석열 정권은 뉴라이트 인사를 독립 기념관장으로 했고, 반 인권적 인사를 인권위에 넣고, 반 노동인사를 노동부장관으로 만들었다. 육사에서 홍범도 장군등 독립운동가 지우기를 하는 등 열거가 힘들 정도의 많은 일이 벌어졌다.

계엄령 명분을 만들기 위해 북한 오물풍선 원점타격을 계획하고, 무인기를 평양에 보내는 행위 등 전쟁을 유발했다는 충격적 정황이 드러나면서 만일 계엄령을 막지 못했다면 우리는 전쟁 불바다에서 죽음을 맞이했을 가능성도 배제 못한다.

이처럼 한국 사회의 식민지 기득권 세력은 분단 구조와 갈등과 분쟁을 통해 내부 통제를 하려고 한다. 그렇기에 끊임없이 역사 왜곡과 민주주의 파괴를 꾀하고 있다.

따라서 민주주의를 지키고 강화하려면 역사인식을 기반으로 평화에 대한 의지와 권력 감시를 위한 시민들의 사회참여가 중요하다.

## 2. 사회구조에 대한 재발견

한국은 동아시아의 주요 국가인 한중일 중 유일하게 서구식 민주주의에 가까운 성과를 이룬 국가로 평가된다. 한국 민주주의는 서구국가에 비해 역사성이 짧지만 한국 민주주의가 뿌리내리게 한 핵심 요소는 시민들의 자발적인 의지였다. 저항의 역사는 특히 두드러지며, 이는 임진왜란 시기 다양한 의병과 민중이 보여준 끊임없는 저항으로 대표된다. 전란 중 정규군이 아닌 의병들의 저항은 왜군 입장에서는 일본 열도에서 볼 수 없던 낯선 현상이었다.

한국은 식민지 잔재에도 불구하고 경제적, 정치적 변화를 거듭하며 역동성을 유지해왔다. 특히 민주화 운동과 정권 교체를 통해 IMF 위기를 극복하고 경제 성장을 이룬 사례는 시민의 힘이 국가 발전에 중요한 역할을 했음을 보여준다. 이러한 맥락에서 한국 민중의 의지는 홍길동과 임꺽정 같은 의로운 인물들 이야기로 설명되며, 이는 한국인의 정의로운 기질을 상징적으로 나타낸다.

반면, 중국과 일본은 서로 다른 이유로 시민사회와 정치구조의 역동성이 부족하다. 중국은 다민족 국가 통합을 위해 전체주의적 공산주의 체제를 유지하고 있으며, 일본은 메이지유신 이후 정치 변화를 겪지 못했다. 이에 비해 한국의 역동적인 시민사회는 사회 문제를 스스로 힘으로 해결할 가능성을 열어두고 있다. 이것이 사회적 위기에는 어김없이 시민들이 포기하지 않고 광장에 나오는 이유인 것이다.

## 매트릭스 설계자 아키텍트

영화 매트릭스에서 하얀 슈트를 입은 노신사 아키텍트는 수많은 가상 세계를 만들어 보고 테스트해 본다. 마치 그들이 가상 세계를 만들 듯 우리 세상에 대해 다른 관점으로 생각해 보려 한다. 어쩌면 우리 사회구조에 대해 학문적으로 보통 조직론으로 보는 관점이 있을 것이다. 그러나 기술 분야에서 시스템의 구조를 다뤄 본 입장에서 참고가 될 만한 개념이 있어 소개해 보고자 한다. 비록 기술적 접근이지만 인간사회에서도 적용되거나 참고할 부분이 있다고 생각된다.

시스템 구조에는 여러 가지가 있지만 스타형과 메쉬형 시스템이 대표적이다. 과거에는 비용 절감 측면에서 스타형 구조를 주로 채택했지만, 최근 시스템 성능이 향상되면서 메쉬형 구조를 선택하는 경향이 커졌다. 이 두 구조의 근본적인 차이는 그 특성에서 비롯된다.

메쉬형 네트워크(Mesh Network)는 개별 시스템의 안정성과 네트워크의 안정성을 강화하며 매우 강력하고 견고한 시스템을 구현한다. 반면, 스타형 네트워크(Star network)는 단일 지점에 의존하는 수직적 구조로, 안정성이 낮고 확장성이 떨어진다.

스타형 구조는 중심노드의 특징에 따라 일관성이 있고 초기 비용이 적게 든다는 이유로 채택되지만, 장기적으로 안정된 시스템을 구축하기 위해서는 메쉬형 구조가 필수적이다. 메쉬형 구조는 안정된 네트워크와 시스템 전반에 걸쳐 높은 수준의 안정성을 요구한다.

이 개념을 사회에 적용하면, 스타형 구조는 수직적인 사회로서 독재 혹은 전체주의 사회와 유사한 구조라고 할 수 있다. 한국사회 대다수 조직과 기관이 여전히 수직구조라고 볼 수 있다. 따라서 매우 불안정하다.

수직적 구조는 특성상 상위에 위치하기만 하면 아무리 무능하고 부도덕해도 견제당하지 않는다.


반면 메쉬형 구조는 사회 구성원들의 소통 능력과 인식 수준이 높아지는 것을 의미하며, 이를 통해 민주주의가 완성될 수 있음을

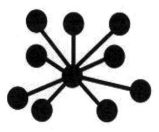

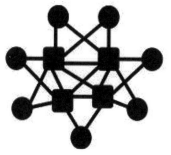

스타형 네트워크          메쉬형 네트워크

시사한다. 메쉬형 구조는 민주주의 시스템과 유사하며, 합의 알고리즘을 기반으로 운영된다. 실제로 합의알고리즘 구조를 채택한 대표적인 예가 블록체인 기술이다. 블록체인 기술은 수평적이고 분권화된 시스템을 모델링한 것이다. 각각의 노드가 소통하는 네트워크 구조는 본질적으로 민주주의 시스템과 동일하다.

　따라서, 각각의 노드가 하는 일이 많다. 즉 민주주의 시스템에서 교육과 소통이 끊임없이 지속되어야 한다. 이와 같은 근대화의 구조와 원리에 대해 독일의 정치학자인 막스베버(Maximilian "Max" Carl Emil Weber, 1864.4.21~1920.6.14)는 근대화 요소를 '분화', '개인화', '합리화' 라는 세 가지 요소로 정의했다.

　조직설계 관점에서 본다면 분화를 분권화된 탈중앙화 개념이라고 할 수 있으며, 개인화는 개별 요소들의 자율성을 이야기한다. 그리고 합리화 개념은 네트워크를 통한 소통과 합의 알고리즘으로 대체될 수 있다.

민주주의에서 시민이 주권을 가진다는 것은 대중이 국가 운영에 관여해야 한다는 이야기이므로 그만큼 지식과 정보량을 늘려야 한다. 따라서 금기시 되는 이념으로 생각의 틀을 제약하면 안 된다. 만일 네트워크상에서 오류가 발생한다면 합의 알고리즘에 의해 네트워크에서 자연 소멸하게 되어야 한다. 블록체인의 원리를 보면 네트워크 내 오류가 있는 노드는 끊어 버린다는 것이다.

즉 사회 시스템 내에서 공동체를 위협하는 거짓말을 하거나 극단적 이데올로기에 따라 내란 및 외환을 일으켜 국헌을 문란시키거나 권력을 남용해 사회 안전을 위협할 경우 처벌됨을 뜻한다.

또한 투명성을 위해 어떤 노드의 변경이 있으면 전체노드에 공유하고 네트워크에 자신의 변화를 공유하며 알고리즘으로 검증한다. 즉 네트워크에서 가장 중요한 것은 신뢰이기 때문에 신뢰를 위한 별도의 알고리즘이 있다.

그러나 한국사회가 매우 불안정하고 불투명한 이유는 네트워크 구조가 아닌 수직적 구조에서 상류층을 움직이는 소수 집단의 힘에 영향을 받기 용이한 구조라고 할 수 있기 때문이다.

## 빨간 약과 파란 약

영화 매트릭스(Matrix) 속 미래에서는 인공지능(AI)이 인간을 에너지원으로 이용하기 위해 가상현실에 가두지만 밖에서 깨어난 소수 인간들은 인공지능에 맞서 싸우며 인류를 구원할 영웅 '레오(The One)'를 찾는다. 주인공 레오를 찾아간 모피어스는 가상현실을 벗어나 진실을 마주할 빨간 약과 가상세계에 남아 편안함을 누릴 파란 약 중 하나를 선택하라고 요구한다.

우리 세상의 매트릭스는 기득권이 만든 미디어로 현실을 왜곡하고 사람들이 진실을 못 보게 한다. 가수 정수라의 아! 대한민국(1983년)과 같은 국가 지정 건전가요가 파란 약을 먹은 가상현실이라면 가수 정태춘의 아! 대한민국(1990년)은 빨간 약을 통해 본 불편한 진실이다.

대중을 향한 미디어는 논점을 흐리게 만들고 학교에서 정치와 노동교육은 금지된다. "정치이야기와 종교이야기는 하지 말라", "말 많으면 공산당"과 같은 인식은 토론을 막고 침묵을 미덕으로 생각하게 했다. 진실에 다가서고자 한다면 현시대 인식이 중요하다. 당대를 제대로 인식하지 못하면 반드시 과거로 회귀한다. 오늘날에도 많은 이들이 파란 약을 선택하며 가상현실 속에 머물고 있다. 그러나 당신이 빨간 약을 먹고 불편하지만 진실을 알고자 한다면, 비판적 시각을 가져야 한다. 당연하게 여겨왔던 것들을 의심하고 질문해야 한다.

## 팍스를 박스 속으로

과거의 패권주의와 시대정신 실현 사이에 갈림길이 있다. 미국은 과거 로마 제국의 패권을 계승하고 있으며, 이는 팍스 로마나(Pax Romana)와 팍스 아메리카(Pax America)라는 형태로 나타난다. 미국의 패권주의는 제3세계 국가들에서 독재 권력을 지지하거나, 제국주의적인 영향을 미쳐 왔다. 유럽, 러시아, 중국 또한 유사한 특징을 공유한다.

미국의 패권주의는 2차 세계대전 이후 세계의 질서를 형성하며 제국주의적인 성격을 계속해서 유지해 왔다. 미국은 중국의 부상을 견제하기 위해 아시아에서 군사적, 정치적 영향력을 확대하는 데에 일본과 한국을 활용하려 한다. 그러나 역사적 관계를 고려할 때, 일본을 중심으로 하는 아시아 전략은 실패할 수밖에 없다.

미국은 한국과 일본에 대해 왜곡된 시각을 가지고 있으며, 이를 반영한 정책이 한반도에 갈등을 일으킨다. 미국은 여전히 패권주의를 고수하고 있으며, 중국 또한 미국의 패권주의 모델을 따르려 하고 있다. 이처럼 패권주의적 사고는 인류가 나아갈 방향과 상충한다. 이제는 미국, 유럽, 러시아 등을 포함한 모든 인류 의식은 오래된 과거인 로마시대 패권의식에 머무르지 말아야 한다. 마찬가지로 아시아의 일본과 중국 또한 더 이상 패권의식에 머물러서도 안 된다. 거짓 팍스를 유물 박스 속으로 처넣어야 한다.

## 죽은 자가 산 자를 구하는 오늘

이데올로기를 앞세운 폭력으로 우리 사회가 유지되어 왔다. 강점기 일제의 폭력과 미군정 시대와 한국전쟁에 따른 폭력, 그리고 독재자들이 정권 유지를 위해 이데올로기로 자행한 학살이 있었다.

그런 폭력이 2024년 대한민국에서 12월 3일 계엄령이라는 형태로 나타났다. 그러나 과거와 달리 계엄령이 일어나는 상황에서 국회로 달려가서 장갑차를 온몸으로 막으며 국회 진입을 막는 시민들의 저항과 국회 안에서 의자를 쌓는 보좌관들과 시민들의 저항 앞에서 주저하는 젊은 군인들의 모습이 과거와 달랐다. 다행히 국회에서는 의원들이 계엄해제를 의결해서 유혈사태가 일어나지 않고 해제되었다.

경이로운 것은 케이팝 콘서트 응원봉을 들고 탄핵 집회에 나선 젊은이들이었다. 그들은 세월호에서 "가만히 있으라"는 방송을 듣고 갇혔던 세월호 세대였고, 가만히 있으면 안 된다는 것을 몸으로 알고 있던 세대이기도 하다.

최신 유행하는 케이팝이 과거 민중가요를 대신하면서 집회는 평화로움과 아름다움으로 채워졌다. 그야말로 촛불혁명을 넘어선 빛의 혁명으로 다시 탄생한 순간이었다.

폭력에 맞선 가장 비폭력적 목소리에 많은 시민들이 스스로 참여한 것이다. 12월 7일, 탄핵 여부가 결정되는 시기, 많은 시민들은 내란을 일으킨 주범에 대한 탄핵을 요구하며 응원봉을 흔들며 탄핵

투표 자체를 거부하는 국민의힘 의원들에게 탄핵결정투표를 하라고 목소리를 냈다. 같은 날 스웨덴 아카데미에서 한강 작가는 노벨문학상수상에 따른 강연이 있었다. 한강 작가는 강연에서 그녀의 소설 '소년이 온다'의 주제의식을 이야기했다.

과거가 현재를 도울 수 있는가? 죽은 자가 산 자를 구할 수 있는가? 그런 인류공통의 주제는 우리가 겪은 현실 속 주제라는 생각을 하게 되었다. 12월 3일 계엄을 모의해온 자들과 달리 시민들, 계엄 현장 투입된 군인, 경찰들 모두 광주5.18에 대해 알고 있는 시민들과 제복 입은 시민들이었기에 과거의 비극을 되풀이하지 않았다.

한강 작가는 역사 속 인간이 가진 폭력성에도 불구하고 폭력의 반대편에 설 수 있는 사람들이 있다고 한다. 인간의 참혹함과 존엄 사이 죽은 이들의 도움을 얻고 있다고 말했다.

작가는 폭력의 반대편에서 그녀의 감각을 총동원해서 존엄을 이야기해온 것이다. 노벨상 수상소감에도 전쟁으로 죽어가는 사람들을 생각해서 축하받을 행사를 하지 않고 인류에게 각성을 요구했다.

우리는 폭력에 저항해야 하고 그러기 위해서는 비극적 역사도 기억해야 한다. 아프리카 르완다 출장을 다니면서 르완다 학살에 대한 영화와 소설이 많다는 것을 알게 되었다. 대표적인 영화로는 '호텔르완다'가 있다. 르완다 서점에는 관련 서적이 많이 있었다. 두 차례 학살(제노사이드)기념관을 다녀오며 한국사회가 르완다에 비해 과거를 청산하려는 노력이 부족했다는 생각을 하게 되었다. 아프리카의 비록 작은 국가였지만, 과거를 청산하기 위한 마을재판을 했다고 한다. 수많은 학살자를 처벌하기 위한 과정은 처벌과 용서로 요약되었다. 마을에서 학살자를 재판하고 몇 년간 마을의 노예처럼 온갖 rnc은 일을 하며 참회하게 한다고 했다.

폭력이 반복되지 않기 위해서는 최소한 르완다에서처럼 가해자에게 학살에 대한 반성을 요구해야 한다. 그렇게 가해자와 피해자가 역사적 사실을 인정하고 반성할 때 그 공동체에 인간을 향한 존엄성이 중심 가치로 자리를 잡는다. 어떤 가치보다 인간존엄을 우선하여 사회 제도와 교육시스템에 담아내야만 한다.

## 불쌈꾼 백기완 선생님이 남긴 이야기

나는 한국사회에서 전통적으로 분류하는 진보, 보수에 대한 관념에 동의하지 않는다. 다만, 우리의 경우 식민지 구조에서 외세로부터 힘을 얻은 세력과 산업사회 정보화 시대를 거치면서 성장한 새로운 주체들 간의 갈등이 존재한다.

르완다에서도 벨기에서 나눈 인종적 특성에 따라 두 부족이 생기고 갈등하며 학살이 반복된 역사를 본 적 있다. 이렇듯 외세가 만든 이데올로기에 의한 허수아비가 되면 비극을 맞이한다.

그런 면에서 우리 스스로의 가치를 발전시켜 나가며 변화를 만들어낸 사람들에 대한 존경심을 가져야 한다.

불쌈꾼이란? 혁명가의 우리말 표현으로 백기완 선생의 언어다. 말을 만든다는 것은 새로운 가치의 영역을 만들어 가는 것과 동일하다. 혁명가는 도전하는 사람들이다. 프랑스혁명을 하던 부르주아 계급이 도전을 했고, 볼셰비키 혁명을 통해 새로운 국가를 만들려고 했던 사람들이 그러했다. 새로운 문명을 개척하는 기술자와 기업가 역시 그런 사람들이다. 또한 길에 나와서 세상 변화를 외치는 유럽사회 청년들이 그러했다. 불의에 항거한 민주화를 외치던 학생과 시민이 그런 사람들이었고, 남태령에서, 여의도에서, 안국동에서, 한남동에서 눈을 맞으며 밤샘 농성을 하며 목소리 내는 시민들이 이들이다.

백기완 선생은 지금보다 더욱 엄혹하던 시절에도 민주화 흐름을 이끌고 만들어 내던 시대의 우리 시대 최고의 지성인으로 초등학교도 나오지 않았지만 시대정신을 이끌어 가던 어른이셨다.

이런 세상을 만들기 위해 역사에 대한 복원이 필요하다. 그동안 내가 여러분들과 함께 '길 위의 인문학' 모임을 가져온 이유이다. 백기완 선생께서 돌아가시기 얼마 전 청년들을 대상으로 뉴스타파에서 인터뷰한 내용이 우리 시대 진정한 불쌈꾼의 삶의 태도와 목적을 일깨워 준다.

"젊은이 여러분 몇 년 못 살았지만 살기가 좀 힘들죠?

그런데 진짜 힘든 게 뭔지 아세요? 여러분을, 이 세상을 올바르고 아름답게 꾸미는 주역으로 만들 생각을 안 하고 썩어 문드러진 놈들이 만든 틀거리를 일구는 데 요만한 못 하나가 되라, 아니면 벽돌 한 장이 되라고 여러분에게 강요하는 거 바로 여러분들의 창조적인 주체성을 박탈해서 허공에 집어 던지는 거 그게 바로 여러분의 생명을 위협하는 어려움일 겁니다.

그러니 젊은이 여러분 사람이 사람으로 살 수 없는 이 사회에 한 조각 못 아니면 벽돌 한 장이 돼서 그냥 낀 대로 살 생각 하지 말고 사람이 사람으로 살 수 있는 세상을 만드는 주역이 되고자 몸부림을 쳐 보시오. 그러면 똑같은 일초를 살더라도 영원으로 살 수 있는 겁니다. 영원, 젊은이 여러분! 젊은이 여러분. 힘을 내세요."

## 불쌈꾼 홍범도 아닌 뗏꾼 홍원도라도 좋아

영월 동강에는 뗏목 축제가 있다. 오늘날에는 철도 등 교통수단에 밀려 사라졌지만 1960년까지 존재하던 운송수단이었다. '떼돈을 번다'는 표현은 1867년 흥선대원군이 경복궁 중건에 필요한 목재를 구하기 위해 뗏목으로 강원도 동강 상류의 소나무를 한양으로 수송하면서 비롯되었다.

뗏목 사공으로 유일하게 생존해있는 영월 홍원도 선생이 있다. 선생은 홍범도 장군과 같은 영웅이 아니지만 고단한 일을 하며 7 남매를 키워냈다.

그가 상징하는 모습은 우리 시대 다수 노동자, 자영업자와 같은 평범한 일상을 살아가는 사람들과 닮았다. 뗏꾼이 해온 일은 가치를 옮기는 일이다. 강원도 영월은 해발 이백에서 삼백미터 고지로 다양한 나물 등이 나온다. 어쩌면 과거 조선의 뗏꾼들은 한양으로 가는 식물, 약재를 이러한 뗏목으로 옮겼을 것이다. 민들레 영토 지승룡 대표는 민토차 역시 이곳에서 나오는 이슬차로 만들 정도로 품질이 좋았다고 회고한다.

우리가 가치 있게 생각하는 것들을 만들거나 옮기면서 세상에 전파하는 일은 대다수 평범한 일상을 살아가는 사람들의 몫이다. 우리는 산업을 발전시키고 상업을 키우고 경제활동을 하며 가족과 이웃과 함께 살아가는 방법을 모색한다.

한편으로는 거대한 담론이 아닌 각자의 시민들의 행동과 마음이 모여 본질적 사회 변화를 만든다. 조선시대 뗏꾼이 한양까지 오는 길이 쉬웠을까?

조선 시대 민중이나 오늘날 시민 모두 힘든 일상을 살아가면서 역사의 물길 위를 유유히 흘러간다.

먼지 가득한 좁은 다락방에서 타이밍을 먹고 밤잠 못자고 재봉틀을 돌리다 몸이 상했던 누이의 급여 봉투가 동생 학비가 되고, 그 학비 받아 공부한 동생이 기술을 배워서 자동차 공장과 제철소에서 일하고, 그의 자식들은 정보통신과 인공지능 회사에 취업한다.

노동운동과 민주화운동 하는 삼촌 덕분에 월급이 오르고 안정적 삶을 살아간다. 노동자들이 벌이가 좋아지면서 동네 장사하는 이모부네 가계 매출도 오른다.

세상이 힘들어도 우리 내면 안에는 더 좋은 세상에서 너와 나 함께 잘 살자는 열망이 남아있다. 조선 뗏꾼처럼 영월에서 한양으로 향하는 굽이치는 강물만큼이나 질곡의 세월 속에서 다져온 경륜이 있다.

어느 시대나 다른 시대로 넘어가는 것은 마치 알에서 껍질을 깨고 나오는 것과 같은 고통과 해방감을 동반한다. 이 고비를 잘 넘겨 모두가 새로운 세계에서 만날 수 있도록 우리도 뗏꾼이 되자.

# 커튼콜(이야기 극장 뒤풀이)

### 나의 생각은 나의 고향이다

우리는 격변의 시대를 맞이하고 있다. 나의 동지인 40대 리더들이 시대의 고통을 잘 극복하고 희망찬 새 시대를 맞이하는 데 이 책이 마중물 및 준비운동 역할을 하기 바란다.

인문학적 통찰력을 갖춘 여러 사람들과 토론하면서 통신노동자의 다듬어지지 않은 생각을 정리했다. 인문학자, 기술노동자, 시인이 모여서 하나의 공론장을 이루고 토론하며 만든 책이기에 과정에 더 큰 의미를 부여하고 싶다.

책을 쓰기로 결심하게 된 계기는 2022년 5월 9일은 민주정부가 막을 내리던 날로 거슬러 올라간다. 그날 저녁 인천공항에서 이스탄불로 출장을 떠났지만 마음 한편으로는 답답함이 밀려왔다. 이후 몇 년 동안 윤석열과 검찰 권력이 과거로 되돌려낼 상황이 예측되었다. 대중은 무엇을 보고 윤석열 같은 사람을 선택했을까. 결국 우리의 인식문제라는 생각을 하게 되었다. 그 인식은 내부에서만 만들어진 것이 아닌 주변국가 혹은 패권 국가들로부터 이식되었다는 사실을 알게 되었다.

출장지인 이스탄불에서 그곳의 역사를 들으며 느꼈다. 동로마 제국의 수도 콘스탄티노플은 기독교 문명과 이슬람 문명과 충돌하던 곳으로 유럽의 역사는 물론 세계사에서 폭풍의 눈이었다. 우리 역사 또한 대륙과 해양 세력의 충돌 속에서 오늘까지 흐름이 이어진 것임을 알 수 있었다.

같은 해 9월, 참여연대 회원들과 일제 강점기의 투쟁 역사가 남아 있는 서대문형무소를 시작으로 인문학 투어를 하는 시간을 가지게 되었다. 필진 모임에서 지승룡 대표를 만나 서울에 남아 있는 근현대 역사를 배우게 되었고, 본격적인 길 위의 인문학 여행을 시작했다.

서울 곳곳에 조선시대부터 일제강점기와 산업 시대의 갖은 흔적이 남아 있었다. 정도전의 혁명적 사상에 영향을 받은 종묘와 이순신과 개혁 성향 남인들이 살던 충무로 일대, 강점기 일본인이 많이 살던 명동, 그리고 해방 후 적산으로 부를 이룬 한남동 일대, 재벌들과 미군정이 키운 친일 교회의 역사를 확인할 수 있었다.

종로에서 활동한 여운형 선생과 김상옥 의사, 그리고 정세권 선생의 이야기와 헤이그 밀사와 해외 독립전쟁을 이끌며 우리 근대사를 만든 혁명가들 이야기를 통해 우리의 근현대 정신을 이해하게 되었다.

30~40대가 이 책을 읽어주길 희망한다. 머지않아 기업과 정부 등지에서 중요한 직위에 올라 각 조직의 중심이 될 그들이 우리 사회 근본적 변화를 이끌어야 하기 때문이다.

다양한 이야기를 담고자 했으나, 지면의 한계와 필력의 부족으로 많은 부분을 생략할 수밖에 없었다. 부족한 부분은 토론과 대화로 채워야 할 것이다. 특히, 68혁명과 관련된 주제들은 앞으로 우리 사회가 깊이 고민해야 할 사안이다. 불행한 역사가 반복되지 않도록 수많은 개혁 과제에 대한 적극적인 시민 참여를 이끌어내야 한다. 이 책에서 내가 제시한 다양한 주제들이 더 나은 사회를 지향하는 여러 공론의 장에서 활발히 논의되기 바란다.

김들풀 (IT News / 아스팩미래기술경영연구소 대표)

오늘날 스타트업 창업자들은 변화의 소용돌이 속에서 새로운 도전을 이어가고 있습니다. 뜻벗 김철회가 펴낸 『다시 만난 세계』는 단순한 역사적 기록이 아니라, 창업과 혁신을 중심으로 과거와 현재를 연결하며 미래를 예측하는 방향성을 제시합니다.

커피 한잔을 나누며 자유롭게 토론하던 순간들 속에서, 우리는 혁신적인 아이디어와 깊이 있는 통찰을 발견하곤 했습니다. 이 책은 그러한 통찰의 결과물입니다. 기술 혁신이 급속도로 진행되는 시대에서 기업 경영과 조직 문화의 변화는 필수적입니다. 하지만 한국의 기존 기업들은 여전히 수직적이고 경직된 구조를 유지하며 디지털 전환을 형식적인 변화로만 접근하는 경우가 많습니다.

그동안 스타트업 창업 강의와 컨설팅을 진행하며 창업자들이 마주하는 현실적인 문제들을 직접 목격해 왔습니다. 가장 큰 문제는 조직 문화의 경직성이었습니다.

이 책은 창업자들이 기존의 기업 문화를 넘어서는 목표를 찾고 구상하게 하는 인문학적 토양을 제공합니다. 특히, 스타트업이 가져야 할 혁신적인 사고방식과 기업가 정신을 한국을 비롯한 동서양의 다양한 역사적 사건을 바탕으로 탐구하며, 기술과 인문학적 통찰이 결합된 시대를 읽는 시야를 제공합니다.

빠르게 변화하는 스타트업 생태계에서 『다시 만난 세계』는 창업자들에게 방향성을 제공하는 나침반이 될 것입니다. 이 책을 통해 창업가들이 더 나은 기업을 만들고, 혁신을 주도하며, 새로운 시대를 여는 주역이 되기를 바랍니다.

김미영 (케이티 새노조 위원장)

노동 현장에서의 불합리함에 맞서 싸우는 것은 결코 쉬운 일이 아닙니다. 얼마 전 읽었던 저자 티머시 스나이더의 『폭정』이란 책의 주제인 주체적 시민의식과 『다시 만난 세계』의 주제가 연관이 많다는 생각을 하게 되었습니다.

이 책을 통해 조합원 김철회 동지는 평소 어려운 ICT 사업에 애착을 가지고 하면서도 합리적 노사관계를 추구하는 모습과 주장만 하는 것이 아니고 실천하고 있다는 생각을 하곤 했습니다.

『다시 만난 세계』에는 그 길을 걸어온 노동자들의 이야기와 케이티 역사성에서 비롯된 통신 노동자의 자부심이 보입니다.

저자는 한국사회 기업문화와 노동문제에 대한 지적을 넘어 변화와 희망을 향한 길을 제시하며, 우리가 함께 나아가야 할 방향을 고민하게 만듭니다.

노동조합 활동을 하며 수많은 부당함과 맞서 싸워온 제 경험에 비추어 볼 때, 이 책은 단순한 기록이 아니라 우리의 현재에 대한 기록이자 미래를 위한 나침반과도 같습니다. 특히 노동자로서 시민으로서 우리가 가져야 할 권리 의식과 의무를 일깨워주고 있기에, 이 시대를 살아가는 모든 노동자와 더 나은 사회를 꿈꾸는 모든 이에게 이 책을 강력히 추천합니다. 함께 읽고, 함께 고민하며, 더 나은 세상을 향해 나아가길 바랍니다.

김민웅 (촛불행동 상임대표)

'나의 생각은 나의 고향이다'. 놀라운 발언이다. 인간의 사유는
자신을 태어나게 하고 만들어간다. 그건 생각으로 머물지 않는다.
생각 속에 담긴 몸이 있다. 개인의 몸이기도 하고 역사의 몸이기도
하다. 그걸 세상에 보인 통신 노동자 김철회는 우리에게 인간이 살
아갈 문명의 지도를 그려냈다.

김철회는 1968년 유럽학생혁명 연구가이다. 그는 68 혁명 세
대의 갈망과 혁명, 그리고 2024년 12월 3일 이후 대한민국 시민
들의 혁명적 태세를 하나로 이어 읽는다. 우리의 미래를 본 것이
다. 어디 그뿐인가. 그는 길 위의 인문학에 동참하는 순례자답게
굴곡된 문명과 지배구조를 넘어 삶이 숨쉬는 문화와 따뜻한 이웃을
향해 가는 문을 연다.

통신 노동자 김철회가 우리에게 발신한다. 그걸 받아 읽는 수신
자는 행복해질 것이다.

최원녕 (문화공간 온 대표, 생명살림두레협동조합 이사장)

　우리 시민사회의 다양한 분들이 허심탄회하게 쏟아내는 속내 이야기와 그들이 나누는 진지한 토론을 곁에서 함께 들을 기회가 많습니다. 그 가운데에는 차갑게 날이 선 창끝 같은 비판도 많지만 차분하고 따뜻한 대안을 곁들인 사랑의 매 같은 의견도 많습니다. 무엇이든 우리 시민사회의 발전을 이끄는 소중한 힘입니다.

　영광스럽게도 책이 출간되기에 앞서 접한 『다시 만난 세계』에는 저자가 오래 전부터 품어온 고민과 아직 충분히 젊은 사람다운 열정이 가득했습니다. 무엇보다 문제의식이 달뜬 비판에 그치지 않고 신중한 대안과 함께해서 글쓴이의 따뜻한 심정을 느낄 수 있었습니다. 아, 좋은 사람이 용기를 내어 책을 썼구나.

　저자 김철회가 『다시 만난 세계』를 통해 지적한 문제의식들을 우리 사회가 널리 공유하고 더 나아가 그가 제안한 여러 가지 견해가 왕성한 공론의 장을 형성하기를 바라마지 않습니다.

## 감사의 글

살아온 이야기와 생각의 조각들이 모여서 책의 소재가 되었습니다. 나의 고향인 삼양동과 글터의 고향 충무로에 모여 십여 일 밤늦게 교정을 해주신 지승룡 대표님과 유용선 선생님의 도움이 있어 책을 마무리했습니다. 무엇보다 이 책은 제작자인 송경자 국장님의 투자가 있어 가능했습니다. 개인적으로는 어떤 이야기에도 방긋 웃어주시는 어머니(이순구)와 인문학 근육을 키워주신 영원한 "노동하는 인텔리겐치아"였던 아버지(고 김재헌)께 감사를 표하며 이글을 바칩니다. 함께 촛불집회에 나가는 삶의 동지 아내와 책표지를 디자인한 고3 딸에게 감사의 마음을 보탭니다. 그리고, 사회에서 만나서 진정한 뜻벗이 된 김들풀 IT News 대표님과 KT새노조 김미영 위원장과 KT새노조 동지들에게 존경을 전합니다.

특히, 사회운동가이신 촛불행동 김민웅 대표님께 감사 말씀 올립니다. 저 역시 촛불행동 후원계좌 압수수색영장이 나왔지만 사실 너무 적은 금액 후원에 오히려 부끄러운 마음이 더 컸던 것이 사실입니다. 그리고 활동가들의 어머니인 문화공간온의 최원녕 대표님께도 감사의 말씀 드립니다. 마지막으로 모든 세대 이 땅에서 삶을 이어온 시민 모두는 불쌈꾼이자 뗏꾼들입니다. 그들 모두에게 감사의 마음을 보탭니다.

# 역사에 대한 통찰은 시대정신과 철학을 만든다.

## 비극을 제대로 성찰하고 반성하지 못하면 비극은 되풀이 된다.

사회 S

# 역사는 반복된다.

기술 T

경제 E

# '한번은 비극으로,
# 다른 한번은 희극으로'

*Karl Heinrich Marx*

환경 E

정치 P

# 파리 68 학생혁명

유럽사회 68혁명은
근대사회 특징인 서열화.
계급화.차별화.경쟁구조
해체를 위한 도전이고.
이를 거부하기 위한 기성
세대와 기존구조에 대한
저항이었다.

IL EST INTERDIT
D'INTERDIRE

금지하는 것을 금지하라

MAI 68

DEBUT D'UNE
LUTTE
PROLONGÉE

유럽사회 68년도 대학생 시위

폭력과 권위에 평화로
서 다가서는 시위대

# 명동에서 포크음악으로 태어나다

명동에서 시작된 청개구리 운동은 음악을 통한 기성세대에 대한 도전이었
고 노찾사, 김민기, 이백천 등 이 활동하면서 우리의 노래를 담아냈다.

아침이슬, 광야에서, 상록수
및 임을위한 행진곡 등과 같
은 민중가요는 민주화운동을 문
화로 승화했다.

# 전태일의 68혁명

**계급화된 의식은 일제가 우리들에게 심어놓았고 그 폐해는 우리 미래를 발목 잡고있다.**

**서열화. 계급화를 뛰어 넘어 모든곳에 존재하는 전태일이 인정받는 세상이 68혁명이고 포스트 모던사회로 전환과정 이다.**

평화시장에서 시작한 전태일의 노동조합과 노동자 처우 개선을 위한 투쟁으로 전태일은 노동법전을 안고 분신을 했다.

아름다운 청년 전태일

노동자. 전태일은 스스로 깨우치고 현실을 바꾸기 위한 대안으로 사업계획서를 만들고, 현실을 알리기 위해 설문지를 만들고 노동조합을 조직했다.

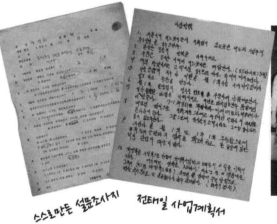

스스로만든 설문조사지   전태일 사업계획서

청계피복 노동조합을 조직한 전태일

# 독립운동가는 근대를 열었던 혁명가이다

여운형     손병희     용성스님

나석주     김상옥     이재명

# 전쟁의 폐허속에서도 문인들은 꽃처럼 피어나고 진다

박인환   김수영     전혜린

## 1. 한국 사회의 문제와 지식인

한국 인문학이 쇠퇴한 근본원인과 대책은?

우리사회 기득권 지식인, 관료들의 시대인식은 무엇일까 ?

모든 대중들은 스스로 어떤 시대를 사는지 자각 하는가?

## 2. 근대화와 산업화 이후

근대화와 68년 혁명이 우리에게 영향주지 못한 것은 무엇이고 무엇부터 우리 것으로 받아들여야 할까?

산업화 이후 강요된 이데올로기들은 무엇이고 우리에게 무엇을 남겼나?

## 3. 역사와 문화적 흐름

과거 역사와 경험은 세대로 이어졌을까?

서열화, 수직적 문화를 어떻게 바꿀 수 있을까?

우리는 근 현대 역사를 제대로 검증하고 판단하고 있을까?

## 4. 권력과 세계 질서

노동과 경영은 적대적이어야 하나?

노동이 사라지는 인공지능 시대 인류 공존을 위한 선택은?

패권 중심의 세계 질서를 대체할 가치는?

모두의 질문Q

# 다시 만난 세계

- 68혁명으로 본 사회개혁을 위한 시대사유 -

2025년 2월 22일 제1판 제1쇄 인쇄

지은이    김철회
펴낸이    송경자
펴낸곳    충무로정미소
기 획     길위의 인문학
등록번호  제2024-000126호
주소      04557 서울시 중구 충무로2길 32-4 2층
전화      010-9858-6615
E메일     art6502@daum.net

값 20,000원
ISBN 979-11-991030-1-6 03300

※ 잘못 만들어진 책은 구입한 곳에서 교환해 드립니다.
※ 이 책을 공식 후원하는 인사동 민들레 영토에 책을 가져 오시면 커피제공과
   저자사인을 해드립니다.(2025년 5월 31까지)